Christoph Rösel

Psalmen

Worte für das ganze Leben

BRUNNEN
Verlag GmbH · Giessen

Der Autor: Dr. Christoph Rösel, Jg. 1964, ist seit März 2014 Generalsekretär der Deutschen Bibelgesellschaft in Stuttgart. Von 2003 bis 2014 lehrte er Altes Testament an der Evangelischen Hochschule Tabor in Marburg. In der Reihe „Serendipity bibel – Lebendige Kleingruppen" erschienen von ihm bisher: Abraham, Jesaja, Am Anfang ... (1Mo 1–11). Christoph Rösel ist verheiratet und lebt in der Nähe von Reutlingen.

9. Auflage 2026

Gottlieb-Daimler-Str. 22, 35398 Gießen
info@brunnen-verlag.de
www.brunnen-verlag.de

Lektorat: Renate Hübsch
Umschlagfoto: Shutterstock
Umschlaggestaltung: Jonathan Maul
Satz: DTP Brunnen
Herstellung: Druckerei Arka-Druk, Polen
ISBN 978-3-7655-0809-7

Inhalt

Verzeichnis der Abkürzungen

Altes Testament

1 Mo	Das erste Buch Mose
2 Mo	Das zweite Buch Mose
3 Mo	Das dritte Buch Mose
4 Mo	Das vierte Buch Mose
5 Mo	Das fünfte Buch Mose
Jos	Das Buch Josua
Ri	Das Buch über die Richter
Ruth	Das Buch Ruth
1 Sam	Das erste Buch Samuel
2 Sam	Das zweite Buch Samuel
1 Kö	Das erste Buch über die Könige
2 Kö	Das zweite Buch über die Könige
1 Chron	Das erste Buch der Chronik
2 Chron	Das zweite Buch der Chronik
Esra	Das Buch Esra
Neh	Das Buch Nehemia
Esther	Das Buch Esther
Hiob	Das Buch Hiob
Ps	Die Psalmen
Spr	Die Sammlung der Sprüche
Pred	Der Prediger Salomo
Hld	Das Hohelied
Jes	Der Prophet Jesaja
Jer	Der Prophet Jeremia
Klgl	Die Klagelieder des Jeremia
Hes	Der Prophet Hesekiel
Dan	Der Prophet Daniel
Hos	Der Prophet Hosea
Joel	Der Prophet Joel
Am	Der Prophet Amos
Obad	Der Prophet Obadja
Jona	Der Prophet Jona
Mi	Der Prophet Micha
Nah	Der Prophet Nahum
Hab	Der Prophet Habakuk
Zef	Der Prophet Zephanja
Hag	Der Prophet Haggai
Sach	Der Prophet Sacharja
Mal	Der Prophet Maleachi

Neues Testament

Mt	Das Evangelium nach Matthäus
Mk	Das Evangelium nach Markus
Lk	Das Evangelium nach Lukas
Joh	Das Evangelium nach Johannes
Apg	Die Apostelgeschichte
Röm	Der Brief des Paulus an die Christen in Rom
1 Kor	Der erste Brief des Paulus an die Christen in Korinth
2 Kor	Der zweite Brief des Paulus an die Christen in Korinth
Gal	Der Brief des Paulus an die Christen in Galatien
Eph	Der Brief des Paulus an die Christen in Ephesus
Phil	Der Brief des Paulus an die Christen in Philippi
Kol	Der Brief des Paulus an die Christen in Kolossä
1 Thes	Der erste Brief des Paulus an die Christen in Thessalonich
2 Thes	Der zweite Brief des Paulus an die Christen in Thessalonich
1 Tim	Der erste Brief des Paulus an Timotheus
2 Tim	Der zweite Brief des Paulus an Timotheus
Tit	Der Brief des Paulus an Titus
Philem	Der Brief des Paulus an Philemon
Hebr	Der Brief an die Hebräer
Jak	Der Brief des Jakobus
1 Petr	Der erste Brief des Petrus
2 Petr	Der zweite Brief des Petrus
1 Joh	Der erste Brief des Johannes
2 Joh	Der zweite Brief des Johannes
3 Joh	Der dritte Brief des Johannes
Judas	Der Brief des Judas
Offb	Die Offenbarung an Johannes

Fragen zu diesem Kurs

Zielsetzung

1. Worum geht es in diesem Kurs?
Um drei Ziele, die gleichermaßen wichtig sind.
a. Nahrung – „Der Mensch lebt nicht vom Brot allein." In seinem Wort stellt Gott sich uns vor. Hier können wir ihn kennen lernen. Und wer als Christ im Glauben wachsen will, muss sich aus dem Wort Gottes „ernähren".
b. Gemeinschaft – Im Gespräch über Glaubensfragen und Lebenserfahrungen kommen wir einander näher und können zu einer tragfähigen Gemeinschaft zusammenwachsen.
c. Wachstum – Dieser Kurs wendet sich auch an Menschen, die bisher mit der Bibel wenig in Berührung gekommen sind. Wenn Sie immer wieder andere zu Ihren Treffen einladen, kann die Gruppe wachsen, bis eine Teilung nötig wird. Beide neuen Kreise sollen wieder wachsen, bis sie zu groß sind und sich teilen – und so weiter.

Teilnehmer

2. Für wen soll dieser Gesprächskreis sein?
- Für Menschen, denen Kirche und Glauben fremd geworden sind, die aber nach einem neuen Zugang zum Glauben suchen.
- Für Menschen, die mit Schwierigkeiten zu kämpfen haben und eine Gruppe suchen, die Unterstützung und Zusammenhalt bieten kann.
- Für Menschen, die von einer Kirche, Gemeinde oder deren Mitgliedern enttäuscht worden sind und die dennoch ihren Glauben nicht aufgeben wollen.
- Für Menschen, die angesichts vieler Unsicherheiten nach einer tragfähigen Hoffnung suchen.
- Für Menschen, die im Austausch und Gebet (15 – 30 Minuten) mit anderen in ihrem Glauben weiterwachsen möchten.

Der erste Schritt

3. Wie sollen wir anfangen? Machen Sie sich eine Liste mit den Namen, die Ihnen jetzt als mögliche Teilnehmer einfallen. Suchen Sie sich einen Platz, an dem Sie die Liste vor Augen haben. Lassen Sie sie dort, bis Sie alle, die Sie auf Ihrer Liste notiert haben, gefragt haben, ob sie Interesse an einem solchen Gesprächskreis haben.

Das erste Treffen

4. Was geschieht beim ersten Treffen? Sie treffen eine Entscheidung über eine freiwillige Abmachung. Sie fassen Ihre Erwartungen und „Spielregeln" für die Gruppe zusammen.

Spielregeln

5. Wie entsteht die Abmachung? Sprechen Sie über die nachfolgenden Fragen und notieren Sie die Punkte, bei denen Sie Einigung erzielen. So können Sie am Ende des Kurses gut beurteilen, ob Sie Ihre Ziele erreicht haben.
- Was ist der Zweck Ihrer Treffen?
- Wie oft wollen Sie sich treffen? (Dieser Kurs bietet Ihnen Gesprächsanregungen für bis zu 10 Treffen. Sie können aber auch aus dem angebotenen Stoff eine Auswahl treffen und die Zahl Ihrer fest vereinbarten Treffen verringern. Wenn Sie danach weiterhin zusammenkommen wollen, verlängern Sie einfach Ihre Abmachung.)
- Wo wollen Sie sich treffen?
- Um welche Uhrzeit sollen die Treffen beginnen und wie lange sollen sie dauern?
- Möchten Sie Getränke und etwas zum Knabbern bereitstellen? Wer ist dafür zuständig?

Zeitlicher Rahmen

6. Wie lange dauert ein Treffen? Die Mindestzeitangaben für die einzelnen Bausteine des Treffens sind für Gruppen gedacht, die nur eine Stunde zusammen sein können. Wenn Sie mehr Zeit zur Verfügung haben, verlängern Sie die angegebenen Zeiten einfach entsprechend.

Gesprächsinhalt

7. Was wird bei den Treffen besprochen? Im Mittelpunkt dieses Kurses stehen Texte der Psalmen, Gebete aus alttestamentlicher Zeit. In ihnen finden sich sehr unterschiedliche Beispiele dafür, wie Menschen mit Gott geredet haben und reden können – aus den unterschiedlichsten Lebenssituationen heraus. Die Psalmen bieten uns für alle Lebenslagen Worte an, die wir an Gott richten können. Sie zeigen uns zahlreiche Facetten der Beziehung, die Menschen zu Gott gehabt haben und haben können. Auf Seite 3 finden Sie eine Übersicht über die Texte und Themen.

Bibelkenntnis

8. Und wenn jemand in der Gruppe wenig von der Bibel weiß? Prima! Dafür ist die Gruppe ja da. Die *Erläuterungen* geben Ihnen Hinweise zum Verständnis größerer Zusammenhänge, einzelner Ausdrücke, geschichtlicher Hintergründe oder wichtiger Personen im Text. Greifen Sie immer dann auf die Erläuterungen zurück, wenn der Sinn des Textes sich nicht von selbst erschließt.

„Hausaufgaben"

9. Was muss ich sonst noch tun? Nichts, wenn Sie nicht wollen. Aber Sie können über das hinausgehen, was in der Gruppe besprochen wird. Nicht immer werden Sie alle Erläuterungen gemeinsam in der Gruppe lesen und alle Fragen diskutieren können. Wenn Sie die Zusatzinformation voll ausschöpfen möchten, haben Sie dafür zwei Möglichkeiten:

a) Lesen Sie Text und Erläuterungen vorbereitend zu Hause. Oder:

b) Vertiefen Sie das Gespräch über einen Text nachbereitend, indem Sie den Text noch einmal im Zusammenhang lesen und sich Zeit nehmen, die Erläuterungen zu studieren und einzelnen Fragen für sich persönlich noch weiter nachzugehen. Gerade bei den Psalmen bietet es sich auch an, den einen oder anderen Text auswendig zu lernen.

Wie verläuft ein Treffen?

Jedes Treffen besteht aus drei Teilen:

1. Einstieg (15 – 20 Minuten)

Der Einstieg bietet Hilfen an, um sich untereinander kennenzulernen und ins Gespräch zu kommen. Die Impulse in diesem Teil zielen darauf ab, mehr voneinander zu erfahren, damit gute Beziehungen untereinander wachsen können.

2. Bibelgespräch (30 – 40 Minuten)

Lesen Sie den Bibeltext zunächst gemeinsam. Die Fragen in diesem Teil beziehen sich auf den Bibeltext bzw. das Thema der Gesprächseinheit. Sie helfen, den Bibeltext zu erschließen, und geben Ihnen einen Leitfaden für Ihr Gespräch. Greifen Sie immer dann auf die Erläuterungen zurück, wenn der Sinn des Textes sich nicht von selbst erschließt.

Sie werden vielleicht nicht alle Fragen in der zur Verfügung stehenden Zeit ansprechen können. Wählen Sie dann einfach die aus, die Ihrer Gruppe am wichtigsten erscheinen.

Wenn Ihre Gruppe recht groß ist, können Sie auch überlegen, ob Sie sich für das Bibelgespräch – immer oder hin und wieder – in kleinere Gruppen (etwa zu viert) aufteilen. Das gibt jedem Einzelnen die Möglichkeit, häufiger zu Wort zu kommen.

Wichtig: Zu manchen Fragen möchten Sie sich vielleicht nicht in der Gruppe äußern. Geben Sie aber Ihre Antwort für sich persönlich. Natürlich hat jeder die Freiheit, nur das mitzuteilen, was er wirklich möchte.

3. Austausch und Gebet (15 – 40 Minuten)

Hier ist Gelegenheit, den Text noch einmal ganz persönlich auf sich wirken zu lassen und, wenn Sie möchten, persönliche Anliegen anzusprechen. Dieser Austausch und das gemeinsame Gebet füreinander dienen ganz entscheidend dem Zusammenwachsen und dem Aufbau einer tragfähigen Gemeinschaft.

Die Mindestzeitangaben sind für Gruppen gedacht, die nur eine Stunde zur Verfügung haben. Wenn Sie mehr Zeit haben, verlängern Sie die angegebenen Zeiten einfach entsprechend.

Einführung: Die Welt der Psalmen

Bedeutung der Psalmen

Die Psalmen sind eines der ungewöhnlichsten Bücher der Bibel:

- Sie enthalten Lieder und Gebete, in denen Menschen ihr Herz vor Gott ausschütten, zugleich sind sie jedoch als Teil der Bibel Gottes Wort an uns.
- Sie sind Gedichte voller Poesie und Schönheit, und doch finden wir in ihnen auch blutige Rachegedanken und die flehentliche Bitte um die Vernichtung der Feinde.
- Sie sind Teil des Alten Testaments, entstanden lange vor der Zeit Jesu, doch die Autoren des Neuen Testaments finden gerade in den Psalmen wesentliche Aussagen über Jesus als den Christus, den verheißenen Retter Gottes.

Ein entsprechendes Buch mit Liedern und Gebeten gibt es im Neuen Testament nicht. Deshalb sind die Psalmen unter den alttestamentlichen Büchern in besonderer Weise auch für die christliche Glaubenspraxis wichtig. Viele Psalmverse werden in den Liedern und der Liturgie christlicher Kirchen und Gemeinden aufgenommen.

Die Psalmen – Worte für das ganze Leben

Die Psalmen haben Menschen zu allen Zeiten ganz unmittelbar angesprochen. Psalm 23 oder Psalm 139 etwa sind für viele zu Lieblingsgebeten geworden.

Weshalb finden Menschen immer wieder direkten Zugang zu diesen uralten Gebeten? Das liegt vor allem an zwei Merkmalen der Psalmtexte:

- Sie verwenden eine sehr bildhafte Sprache.
- Und sie sprechen von Grunderfahrungen des Lebens und des Glaubens.

Die Fragen und Sehnsüchte, die etwa Psalm 23 in Worte fasst, bewegen Menschen zu allen Zeiten. Jeder kann sich mit seinem Leben in den Psalmen wiederfinden. Damit laden sie uns ein, diese Worte nachzusprechen und zu unserem eigenen Gebet werden zu lassen.

Die fremde Seite der Psalmen

Allerdings sind nicht alle Psalmen so leicht zugänglich. Manche Bilder, aber auch manche Vorstellungen und Erfahrungen sind uns heute fremd geworden. Die Psalmen können deshalb auch verunsichern oder gar abstoßen. Die große Anzahl und Vielfalt der Psalmen zeigt jedoch, dass nicht jeder Psalm für jede Zeit und Situation gedacht ist. Wenn jemand zum Beispiel am Arbeitsplatz in einer schweren Konkurrenzsituation steht, dann findet er vielleicht auch eher einen Zugang zu den dringlichen Hilferufen gegen die Übermacht der Feinde, die sich in einigen Psalmen finden. Und wie wird das erst den Menschen gehen, die Opfer von Krieg und Terror geworden sind? Deshalb sollte man bei allem Verständnis für die Fremdheit mancher Vorstellungen auch keine vorschnellen Urteile über diese fremdartigen Stellen der Psalmen fällen.

Klage und Lob in den Psalmen

Die Psalmen lassen sich in zwei große Gruppen einteilen:

- Klage- und Bitt-Psalmen einerseits,
- Lob- und Dank-Psalmen andererseits.

Häufig finden sich Klage und Lob auch in einem einzigen Psalm. Psalm 13 etwa beginnt mit einem fast verzweifelten Ruf: „Wie lange, Herr?“ Und doch gelangt der Beter am Ende zu der Aussage: „Ich will dem Herrn singen, denn er hat wohlgetan an mir.“ Psalm 116 dagegen beginnt mit dem Lob Gottes, blickt dann von Vers 3 an auf eine Zeit der Klage zurück und schließt wiederum mit „Halleluja“. Das Hauptthema eines Psalms oder seine „Hauptstimmung“ lässt sich häufig in seinem ersten Vers erkennen.

Das eigentliche Ziel der Psalmen ist das Lob Gottes. Im Hebräischen heißt deshalb das ganze Buch „Tehillim“ – Loblieder. In den einzelnen Psalmen zeigt sich diese Zielrichtung darin, dass das Lob häufig das letzte Wort des Beters ist – und das gilt gerade auch für die Klagepsalmen. Manchmal erfolgt dieser Wechsel von der Klage zum Lob geradezu erschreckend schnell. Doch darin wird die Zuversicht darauf deutlich, dass Gott das Geschick des Beters wenden wird, sodass der Beter ihn wieder loben kann. In unserem eigenen Leben wird sich dieser Wechsel häufig nicht so schnell vollziehen. Doch das Lob am Ende eines Klagepsalms will uns daran erinnern, dass Gott das Geschick von Menschen zum Guten, zum Heil wendet – bei den Betern der alttestamentlichen Zeit ebenso wie bei uns.

Das Buch der Psalmen

Der Weg von der Klage zum Lob prägt auch den *Aufbau* des Psalters als Buch. Die Psalmen im ersten Teil (Psalm 1 bis 89) sind vor allem Klagepsalmen. Ab Psalm 90 überwiegen dagegen die Lobpsalmen. Der Lobruf „Halleluja" – „Preiset den Herrn" kommt z.B. in Ps 104,35 das erste Mal vor, dann aber bis Psalm 150 noch weitere 22 Mal. In Psalm 146 bis 150 schließt der Psalter mit einem großen Halleluja, das Hörer und Leser einlädt, einzustimmen. Der Psalter nimmt also den betenden Leser mit auf einen Weg von der Klage zum Lob. Dieser Weg aus der Klage zum Lob ist zugleich ein Weg aus der Einsamkeit zurück in die Gemeinschaft. In der Klage steht ein Mensch oft allein vor Gott. Und auch Psalm 1 beginnt zunächst mit dem einzelnen Menschen, der allein einer gottlosen Gesellschaft gegenübersteht. Den Lobenden zieht es dagegen immer in die Gemeinschaft. Er will anderen von seinen guten Erfahrungen mit Gott erzählen, er fordert sie auf, mit ihm Gott zu loben: „Preiset mit mir den Herrn und lasst uns miteinander seinen Namen erhöhen!" (Ps 34,4). Deshalb ist es nur folgerichtig, dass das abschließende Lob in Psalm 150 die umfassendste Gemeinschaft anspricht: „Alles, was Odem hat, lobe den Herrn!" (Ps 150,6).

Klagen ist nicht Jammern

Bitte, Dank und Lob sind uns als Formen des Gebetes bekannt und vertraut. Das Klagen vor Gott ist vielen dagegen fremd geworden. Mancher fragt sich vielleicht, ob das überhaupt angemessen ist. Können wir so mit Gott reden? Sollten wir nicht vielmehr loben und danken, statt zu klagen? Das hängt natürlich davon ab, was jemand unter „klagen" versteht. Im alltäglichen Sprachgebrauch verwenden wir „klagen" häufig im Sinne von „jammern": Jemand beschreibt sein Unglück oder was er als solches empfindet. Und manche Menschen haben ja immer etwas zu jammern – egal, wie gut oder schlecht es ihnen geht. Sie jammern um des Jammerns willen. Deshalb darf der Anlass zum Jammern auch nicht ausgehen – denn wer würde dann noch auf sie achten?

Die Klagen der Psalmbeter sind etwas anderes. Sie zielen immer auf Veränderung. Wer klagt, hofft auf Besserung. Er möchte, dass Gott eingreift und sein Geschick wendet. Deshalb folgt in den Psalmen auf die Klage mit der Beschreibung der Not immer die Bitte um das Eingreifen Gottes. Auch die Klage zielt letztlich auf das Lob Gottes. Denn der Beter traut ihm zu, dass Gott seine Klage hört und daraufhin handelt, eingreift, rettet.

Die Klage entspringt also einem großen Vertrauen auf Gott und seine Verheißungen. Nur wer etwas von ihm erwartet, wird sich im Gebet an ihn wenden und ihm sein Herz ausschütten. Die Klage setzt da ein, wo Menschen einen Unterschied zwischen Gottes Zusagen und dem, was sie erleben, erkennen. Der Klagende macht sich auf den Weg, diesen Widerspruch zu überwinden. Er sehnt sich nach Veränderung, nach einem Leben in der Gemeinschaft mit Gott und in seiner Gegenwart. Klage ist damit auch alles andere als vorschnelle Ergebenheit, die sich mit der Macht der angeblichen Fakten abfindet. Allerdings kann die Klage dahin führen, dass der Beter auch schwierige Situationen aus Gottes Hand annimmt und sich bei Gott geborgen weiß, auch wenn äußere Hilfe ausbleibt. In dieser Weise hat sich Jesus in den Willen Gottes hineingestellt (vgl. Lk 22,39-46).

Grund der Klage ist in den Psalmen meist eine konkrete Not. Drei Bereiche kommen immer wieder vor: die Erfahrung der Ferne Gottes („Gott-Klage"), die Bedrohung durch Feinde („Feind-Klage") und das eigene Leiden des Beters („Ich-Klage"). Dabei ist es vor allem die Ferne Gottes, an der der Beter leidet. Weil er sich ganz von ihm abhängig weiß, ist er auf seine Nähe angewiesen. Wenn er Gott jedoch als fern erlebt, dann werden auch seine Feinde zu mächtig für ihn und dann stürzt er selbst ins Elend.

Im Klagen kann der Mensch „sein Herz vor Gott

ausschütten" (1 Sam 1,15; Ps 142,3). Ein Eimer, der ausgeschüttet wird, behält nichts zurück. So wird in der Klage alles, was den Beter belastet, vor Gott ausgebreitet, auch das, was man vielleicht einem anderen Menschen nicht zu sagen wagt. Darin liegt eine große Ermutigung: Vor Gott müssen wir in unserem Gebet nichts zurückhalten; vor ihm brauchen wir keine Rolle zu spielen. Er kennt die Herzen der Menschen und er freut sich, wenn wir ihm unser Herz ganz öffnen und uns so vor ihm zeigen, wie es uns gerade zumute ist.

Gott loben für seine Taten

Das Gotteslob der Psalmen preist Gott für das, was er tut, für seine wunderbaren Werke. Gerade an seinem Wirken können wir ihn erkennen. Deshalb wird Gott für sein Handeln, für seine Taten gepriesen. Wiederum sind es vor allem drei Bereiche, die Inhalt des Lobpreises sind:

- Gottes Wirken in der Schöpfung (Ps 104),
- seine Leitung, Führung und sein Eingreifen in der Geschichte seines Volkes (Ps 136) und
- sein Handeln im Leben des Beters selbst (Ps 32).

Diese großen Heilstaten Gottes werden in vielen Variationen immer wieder besungen.

Entstehung und Verwendung der Psalmen

Wie sind die Psalmen entstanden – und zu welchen Anlässen? Wo und von wem wurden sie gebetet? Informationen zu diesen Fragen könnte man am ehesten von den Überschriften der Psalmen erwarten. Leider lassen sich viele dieser Angaben nicht mehr eindeutig entschlüsseln. Ein Vergleich verschiedener Übersetzungen zeigt sehr bald, dass ganz unterschiedliche Deutungen möglich sind.

In den Überschriften werden immer wieder auch Personennamen genannt. Am häufigsten David, dann aber auch Asaf, die Söhne Korachs, Salomo, Mose, Heman und Etan. Einige dieser Angaben sind als Hinweise auf den Verfasser gedacht, andere vielleicht eher als Widmung. Die Nennung der Söhne Korachs, einer Abteilung der Tempelsänger, könnte auch ein Hinweis auf die Verwendung jener Psalmen durch diese Gruppe sein. Insgesamt kann man davon ausgehen, dass die Psalmen zunächst am Tempel gesammelt und überliefert wurden. Dort konnten Pilger diese Gebete von Priestern lernen, dort werden im Laufe der Jahrhunderte auch immer wieder neue Texte entstanden sein.

Die Psalmen im Neuen Testament

Gemeinsam mit dem 1. Buch Mose und Jesaja gehören die Psalmen zu den alttestamentlichen Büchern, die im Neuen Testament am häufigsten zitiert werden. Von den Psalmen her haben die Schreiber des Neuen Testaments verstehen gelernt, wie der Gott Israels nun in Jesus Christus gehandelt hat. So sind zum Beispiel im Lukasevangelium die Erzählungen über die Geburt Jesu ganz von Psalmenzitaten und psalmenähnlichen Texten geprägt. In der Passionsgeschichte aller Evangelien finden sich zahlreiche Anspielungen und Zitate aus Psalm 22. Psalm 2 und Psalm 110 werden immer wieder zitiert, um Jesus Christus zu beschreiben.

Im Neuen Testament gibt es kein vergleichbares Buch mit Liedern und Gebeten. Deshalb sind die Psalmen als „Gebetbuch der Bibel" für die christliche Gemeinde unersetzlich. Sie zeigen uns, wie wir mit Gott reden können. Und sie bezeugen uns Gott als den Allmächtigen und Barmherzigen, der sich uns in jeder Not zuwendet. Jede Generation ist deshalb neu dazu aufgefordert, den Reichtum der Psalmen für die eigene Glaubenspraxis zu entdecken.

Dietrich Bonhoeffer maß den Psalmen als dem „Gebetbuch der Bibel" hohe Bedeutung bei. „Mit dem Psalter geht einer christlichen Gemeinde ein unvergleichlicher Schatz verloren, und mit seiner Wiedergewinnung werden ungeahnte Kräfte in sie eingehen."[1]

Er sieht sie als unverzichtbare Horizonterweiterung und notwendige Schule für unser Beten: „Es kommt also nicht darauf an, ob die Psalmen gerade das ausdrücken, was wir gegenwärtig in unserem Herzen fühlen. Vielleicht ist es gerade nötig, dass wir gegen unser eigenes Herz beten. Nicht was wir gerade beten wollen, ist wichtig, sondern worum Gott von uns gebeten sein will. Wenn wir auf uns allein gestellt wären, so würden wir wohl auch vom Vaterunser oft nur die vierte Bitte beten [Anm: um das tägliche Brot]. Aber Gott will es anders. Nicht die Armut unseres Herzens, sondern der Reichtum des Wortes Gottes soll unser Gebet bestimmen."[2]

Die Psalmen – ein Haus zum Wohnen

In ihrer Vielfalt und Unterschiedlichkeit können die Psalmen uns in allen Lebenslagen begleiten. Sie laden uns ein, mit ihnen vertraut zu werden. Der Psalter als Ganzes gleicht deshalb einem Haus, in das wir neu einziehen. Manches ist am Anfang fremd und ungewohnt. Doch je länger man darin wohnt, je vertrauter man mit den einzelnen Räumen des Hauses wird, desto wohler fühlt man sich darin. So kann es uns auch mit den Psalmen gehen. In diesen Texten finden wir selbst dann noch Worte für das Gebet, wenn unsere eigenen Worte versagen und wir nicht wissen, was wir beten sollen. Und zugleich finden wir darin Trost und Ermutigung, weil diese alten Gebete immer auch Gottes Wort an uns sind.

Wie können wir die Psalmen beten

Diese Hinweise für das eigene Beten mit den Psalmen weisen bereits über diesen Kurs hinaus und möchten einladen, sich von den Psalmen weiterhin begleiten zu lassen. Vielleicht nehmen Sie diese Anregungen aber auch bereits in der Vorbereitung auf die einzelnen Abende dieses Kurses auf.

1. Fortlaufend

Wer mit den Psalmen vertraut werden will, sollte sie fortlaufend lesen und beten, von 1 bis 150. Damit vermeidet man, dass man immer wieder nur dieselben Texte auswählt. Das schließt aber auch ein, dass man manche Stellen intensiver betrachtet, an anderen dagegen auch schneller weitergeht. Wo uns ein Wort besonders anspricht, sollten wir gerne auch etwas verweilen und uns zu eigenem Gebet anregen lassen.

2. Laut

Wer die Möglichkeit dazu hat, sollte die Psalmen auch laut lesen und beten. Dabei lässt sich die erstaunliche Beobachtung machen, wie das ausgesprochene Wort eine ganz andere Lebendigkeit gewinnt als das nur leise gelesene. Das gilt auch für andere Texte der Bibel. Sie wollen Gottes Anrede an uns sein. Das laute Lesen hat außerdem noch den Vorteil, dass sich uns die Texte besser einprägen und wir das ein oder andere ganz nebenbei auswendig lernen.

3. Gemeinsam

Die Psalmen eignen sich sehr gut zum gemeinsamen Gebet in der Gemeinde oder im Hauskreis. Persönliches Gebet und gemeinsames Beten der Psalmen können sich gegenseitig bereichern. Das gilt ganz besonders für die Lobpsalmen, die meist schon als Gebete einer Gemeinschaft geschrieben sind und ausdrücklich zum Mitbeten auffordern (z.B. Psalm 8; 100; 146 u.a.).

4. Auswendig

Als poetische Texte eignen sich die Psalmen auch gut zum Auswendiglernen. Was wir auswendig können, steht uns jederzeit zur Verfügung. Es kommt uns in entsprechenden Situationen dann auch viel eher spontan in den Sinn. Und was wäre dafür besser geeignet als einige dieser Gebete?

Übersetzung der Psalmen

Unter den deutschen Übersetzungen der Psalmen ist der Text der Lutherübersetzung nach wie vor etwas Besonderes. Der jüdische Philosoph und Bibelübersetzer Franz Rosenzweig sieht im Psalter den „Gipfel der übersetzerischen Leistung" Luthers. Bei Luther spürt man auch im deutschen Text die poetische und sprachliche Kraft der Psalmen. Trotzdem hat auch diese Übersetzung ihre Schwachpunkte. Manche Formulierungen sind heute nicht mehr so geläufig und lassen die Texte unnötig fremd erscheinen. Da aber die Vorzüge überwiegen, wurde Luthers Übersetzung auch als Grundlage dieses Heftes gewählt. Schwierigere Wendungen werden in den Erläuterungen erklärt. In Ergänzung dazu findet sich im Anhang auch der Text der „Neuen Genfer Übersetzung". So können eventuell noch unverständliche Stellen auch durch einen Vergleich der beiden Übersetzungen geklärt werden.

1 Wer ist glücklich?

Psalm 1

Einstieg

15–20 Minuten

Wählen Sie bitte eine oder zwei Fragen aus.

1. Was macht Sie glücklich? Wen würden Sie als „glücklichen Menschen" bezeichnen? Warum?

2. Welche Pflanze oder welcher Baum beeindruckt Sie?

3. Welche Erfahrungen haben Sie mit Sturm und Wind gemacht?

Der Weg des Frommen – der Weg des Gottlosen

1 Wohl dem, der nicht wandelt im Rat der Gottlosen
noch tritt auf den Weg der Sünder noch sitzt, wo die Spötter sitzen,
2 sondern hat Lust am Gesetz des HERRN
und sinnt über seinem Gesetz Tag und Nacht!
3 Der ist wie ein Baum, gepflanzt an den Wasserbächen,
der seine Frucht bringt zu seiner Zeit,
und seine Blätter verwelken nicht.
Und was er macht, das gerät wohl.
4 Aber so sind die Gottlosen nicht,
sondern wie Spreu, die der Wind verstreut.
5 Darum bestehen die Gottlosen nicht im Gericht
noch die Sünder in der Gemeinde der Gerechten.
6 Denn der HERR kennt den Weg der Gerechten,
aber der Gottlosen Weg vergeht.

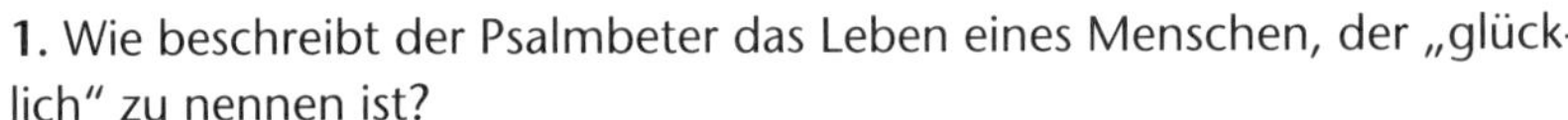

1. Wie beschreibt der Psalmbeter das Leben eines Menschen, der „glücklich" zu nennen ist?

Bibelgespräch

30–40 Minuten

2. Welche Einflüsse und Verhaltensweisen stehen diesem Glück entgegen?

3. „Freude haben am Gesetz des Herrn" kann das als Lebensgrundsatz heute noch gelten?
Wie könnte sich eine solche Lebenshaltung äußern?

4. Wer ohne Gott lebt, ist wie „Spreu, die der Wind verweht", sagt der Psalmbeter. Wie, glauben Sie, würde er diese Sicht begründen?
Äußert sich darin Gottes Zorn – oder ist ein gottloses Leben in sich selbst haltlos?

Austausch und Gebet

15–30 Minuten

1. Was bedeutet die scharfe Trennung zwischen „Frommen" und „Gottlosen", wie V. 1 sie beschreibt, für unsere Lebensgestaltung heute? Sollen nicht gerade Christen sich auch ganz auf das Leben der Menschen um sie herum einlassen, also „allen alles werden" (1 Kor 9,22)?

2. Welche Gewohnheiten und Beziehungen prägen Ihr Leben? Was ist für Sie so entscheidend, dass Sie sich „Tag und Nacht" damit beschäftigen?

3. Aus neutestamentlicher Sicht ist es die Beziehung zu Jesus Christus, auf die alles ankommt. Wo zeigt sich diese Beziehung auch in ganz konkreten Gewohnheiten?

4. Jede Entscheidung für etwas ist immer auch eine Entscheidung gegen andere Möglichkeiten. Wo sind Christen zu solchen Entscheidungen herausgefordert?

5. Wo erleben Sie, dass Gott Ihr Leben gelingen lässt? „Und was er macht, das gerät wohl" – lässt sich das mit Ihren Erfahrungen vereinbaren?

6. Wo haben Sie in letzter Zeit erlebt, dass Gott Ihren Weg kennt?

7. Was macht es Ihnen schwer und was ermutigt Sie, Gottes Verheißungen für Ihr Leben zu vertrauen?

Erläuterungen

Überblick und Kontext: Psalm 1 ist so etwas wie ein Vorwort zum Buch der Psalmen. Er zeigt dem Leser, für wen dieses Buch gedacht ist: Für Menschen, die ihr ganzes Leben nach Gottes Weisung gestalten wollen (V. 2). Diese Menschen werden mit einer Seligpreisung empfangen: „Wohl dem, der … Glücklich der Mensch …!" Damit lädt der Psalm ein, das ganze Buch zur Hand zu nehmen und sich von den Psalmen auf dem Weg mit Gott leiten zu lassen.

Der Psalm zeichnet sich insgesamt durch klare Unterscheidungen und scharfe Gegensätze aus. So eindeutig und offensichtlich lässt sich das in unserer Lebenswirklichkeit oft nicht wiederfinden. Weder gleicht jeder Christ dem prächtigen Baum (V. 3), noch sind alle anderen einfach nur Spreu (V. 4). Und doch ist die Botschaft des Psalms bis heute aktuell. Denn Psalm 1 fordert dazu heraus, das ganze Leben aus der Beziehung zu Gott zu gestalten (V. 2). Dazu lädt er ein und dazu schildert er in leuchtenden Farben das Glück, das ein solches Leben bringt. Anfragen und Differenzierungen treten zurück, damit diese grundlegende Orientierung deutlich wird.

V. 1: Wohl dem, der … Die Einleitung „Wohl dem …" gleicht den neutestamentlichen Seligpreisungen Jesu in Mt 5. Psalm 1 ist geprägt von einem scharfen Gegensatz zwischen Frommen/Gottesfürchtigen und Gottlosen. Auf der einen Seite steht der Mensch, der glücklich gepriesen wird. Was ihn kennzeichnet, erfahren wir erst in V. 2. Zuerst wird beschrieben, was er nicht tut: Er hat keine Gemeinschaft mit „Gottlosen, Sündern und Spöttern", er verweigert sich ihrer Lebensweise.

Gottlose, Sünder, Spötter. Was diese Lebenshaltungen im Einzelnen prägt, wird nicht näher erläutert. Entscheidend ist, dass Gott bei den so bezeichneten Menschen in den Hintergrund gedrängt wird. In Ps 10,4 heißt es: „Der Gottlose meint in seinem Stolz, Gott frage nicht danach. ‚Es ist kein Gott' sind alle seine Gedanken." Sein Leben ist also von einem „praktischen Atheismus" geprägt. Er lebt in der Grundhaltung: Selbst wenn es einen Gott geben sollte, kümmert er sich nicht um die Menschen – sie sind ihm egal. – Ganz anders dagegen der Mensch, den Psalm 1 glücklich preist. Er kennt einen lebendigen Gott, der zu den Menschen in Beziehung tritt, der sich offenbart und seinen Willen bekannt gibt. Diesem Gott liegt das Wohl der Menschen am Herzen.

V. 2: Gesetz des Herrn. Für unsere Ohren klingt „Gesetz" sehr juristisch und vielleicht kommen uns dabei vor allem Verbote in den Sinn. Im Hebräischen steht hier jedoch das viel umfassendere „Tora". Es bezeichnet zum einen zusammenfassend die fünf Bücher Mose, denn sie sind Gottes grundlegende Lebensordnung für sein Volk, für Israel (Jos 1,7.8). Es kann aber auch ganz allgemein für „Gottes Weisung" stehen. Der Begriff hat die Bedeutung von „gute Lebensweisung" und schließt ein, dass die Weisung Gottes das Leben gelingen lässt. Wer dieser Weisung folgt, wird leben! **hat Lust am Gesetz des Herrn und sinnt über seinem Gesetz Tag und Nacht.** Das Leben des Frommen ist geprägt vom Hören auf Gottes Weisung. Tag und Nacht bewegt er sie in seinem Herzen – er lebt also ganz und gar aus der Beziehung zu Gott. Im Neuen Testament erhält die Beziehung zu Jesus Christus diese zentrale Bedeutung im Leben des Frommen. So fordert Jesus seine Nachfolger auf, „fest mit ihm verbunden zu bleiben" und seine Worte und Liebe zu bewahren (Joh 15,4-10).

V. 3: Der ist wie ein Baum ... Der Beter schildert einen prächtigen Baum, der einen optimalen Standort hat. Da es in Palästina den ganzen Sommer über nicht regnet, ist die Versorgung durch einen Bach oder Wassergraben entscheidend. Nur dann kann ein Baum wachsen und Früchte tragen. Der Baum, den der Psalm schildert, ist mit allem versorgt und braucht deshalb auch die sommerliche Dürre nicht zu fürchten. **Und was er macht, das gerät wohl.** Dieser Satz lässt einen fast ein wenig den Atem anhalten. Wörtl. heißt es hier sogar: „Alles, was er tut, wird gelingen." Ganz ähnlich übersetzt ja auch die „Neue Genfer Übersetzung": „Was ein solcher Mensch unternimmt, das gelingt." Das Bild vom Baum ist hier schon wieder verlassen – dieser Satz bezieht sich direkt auf den Menschen, der nach Gottes Weisung lebt. Doch ist das nicht ein wenig weltfremd? Wer kann so etwas schon von sich sagen? Doch in diesem Vers geht es gar nicht darum, dass sich dieses Gelingen in allen Einzelfragen unseres Lebens zeigt. Er ist vielmehr eine Verheißung, die über dem Leben als Ganzem steht: Wer sich auf Gott und seine Weisung einlässt, dessen Leben gelingt – trotz aller offenen Fragen, die z.B. auch einem frommen Mann wie Hiob nicht erspart bleiben. Wie sehr solche Fragen auch die Beter der Psalmen beschäftigten, zeigt die ganze Sammlung der Psalmen.

V. 4: die Gottlosen ... wie Spreu, die der Wind verstreut. Zu dem fruchtbaren, gut versorgten Baum aus V. 3 steht die Spreu in einem denkbar scharfen Gegensatz. Drastischer lässt sich ein solches Bild kaum formulieren (vgl. Jer 17,5-8). Die verschiedenen Lebensentwürfe aus V. 1 werden jetzt alle unter der Bezeichnung „Gottlose" zusammengefasst. Und wieder reizt das Bild zum Widerspruch: Ist das wirklich so? Gibt es nicht viel zu viele Menschen, denen Gott egal ist, die ein angenehmes Leben führen, Erfolg haben und denen es an nichts fehlt? Doch Gottes Perspektive öffnet uns die Augen dafür, dass diese Art von Erfolg letztlich nicht von Dauer ist (V. 5).

V. 6: Der Herr kennt den Weg der Gerechten, aber der Gottlosen Weg vergeht. Der Vers fasst die Botschaft des Psalms noch einmal zusammen. „Kennen" schließt hier ein, dass Gott sich um den Gerechten kümmert und seinen Weg gelingen lässt. Im Unterschied dazu gehen die „Gottlosen" auf ihrem selbst gewählten Weg am Ziel vorbei. Abschließend wird so noch einmal deutlich, dass es auf die Beziehung zu Gott ankommt. Wer sich ihm anvertraut und aus seiner Weisung lebt, der hat für sein Leben den richtigen Weg eingeschlagen.

2 Staunen über Gott

Psalm 8

Einstieg

15–20 Minuten

Wählen Sie bitte eine oder zwei Fragen aus.

1. Welches Naturereignis beeindruckt Sie am meisten?

2. Wann und mit wem haben Sie zuletzt den Sternenhimmel betrachtet? Was empfinden Sie dabei?

3. Was löst der Satz: „Ich finde Gott in der Natur" in Ihnen aus?

Offenbarung der Herrlichkeit Gottes am Menschen

1 Ein Psalm Davids, vorzusingen, auf der Gittit.
2 HERR, unser Herrscher,
wie herrlich ist dein Name in allen Landen,
der du zeigst deine Hoheit am Himmel!
3 Aus dem Munde der jungen Kinder und Säuglinge
hast du eine Macht zugerichtet um deiner Feinde willen,
dass du vertilgest den Feind und den Rachgierigen.
4 Wenn ich sehe die Himmel, deiner Finger Werk,
den Mond und die Sterne, die du bereitet hast:
5 was ist der Mensch, dass du seiner gedenkst,
und des Menschen Kind, dass du dich seiner annimmst?
6 Du hast ihn wenig niedriger gemacht als Gott,
mit Ehre und Herrlichkeit hast du ihn gekrönt.
7 Du hast ihn zum Herrn gemacht über deiner Hände Werk,
alles hast du unter seine Füße getan:
8 Schafe und Rinder allzumal,
dazu auch die wilden Tiere,
9 die Vögel unter dem Himmel und die Fische im Meer
und alles, was die Meere durchzieht.
10 HERR, unser Herrscher,
wie herrlich ist dein Name in allen Landen!

Bibelgespräch

30–40 Minuten

1. „Was ist der Mensch?" Welche Antworten auf diese Frage liegen Ihnen auf der Zunge? Welche Antworten hören Sie in den Medien? In der Gemeinde? Von den Kollegen? Im Sportverein?

2. Wie beschreibt der Psalm Gott? Wie den Menschen?

3. Welcher Satz, welches Bild dieses Psalms spricht Sie besonders an? Welche Aussage ist Ihnen fremd?

4. Inwiefern ist der Mensch „wenig niedriger als Gott“ (V. 6)?

5. In Ps 8 wird die Frage nach dem Menschen vor dem Hintergrund der Anerkennung Gottes und seiner Herrschaft beantwortet (V. 2 und V. 10). Was bedeutet es, wenn sich dieser Rahmen ändert, wenn also nur noch nach dem Menschen, aber nicht mehr nach Gott gefragt wird? Welche Konsequenzen hat das etwa für ethische Entscheidungen?

Austausch und Gebet

15–30 Minuten

1. Wie gut gelingt es uns Ihrer Meinung nach, den Auftrag, „Herr über deiner Hände Werk“ zu sein (V. 7) in unserem Leben umzusetzen? Welche Rolle spielt dabei die Anerkennung unserer Abhängigkeit von Gott (V. 2.10)?

2. Wie wirkt die Bestimmung des Menschen als „Herr“ über die Schöpfung auf Sie? Angesichts der vielen Irrwege des „Fortschritts“ eher beängstigend? Oder als Ermutigung, nach neuen Wegen zur Verbesserung menschlicher Lebensbedingungen zu suchen? Oder ...?

3. Sollten Christen z.B. in Fragen der Gentechnik „mutiger gestalten“ oder eher das Vorgegebene akzeptieren?

4. Der Mensch – von Gott „mit Ehre und Herrlichkeit gekrönt“ (V. 6)?! Was bedeutet diese Würdigung für Ihr Selbstverständnis? Können Sie zustimmen?

5. Zum Abschluss des Abends: Lesen Sie Psalm 8 gemeinsam als Gebet.

Erläuterungen

Überblick zu Psalm 8: Psalm 8 ist der erste Lobpsalm des Psalters. Lob Gottes beginnt in diesem Psalm damit, dass Gottes Majestät und Herrschaft anerkannt werden. Dieses Bekenntnis wird am Ende des Psalms (V. 10) noch einmal wiederholt; es rahmt alle anderen Aussagen dieses Psalms ein. Damit wird deutlich, dass der Beter über diese grundlegende Aussage nicht hinauskommt. Bei Gott und im Lobpreis seiner Herrlichkeit kommen seine vielen Fragen zur Ruhe. Dort findet er die Antwort, die Bestand hat.

V. 2: HERR, unser Herrscher. Das in der Lutherübersetzung durch Großbuchstaben gekennzeichnete „HERR“ gibt den hebräischen Gottesnamen „Jahwe“ wieder, der im Judentum aber bereits ab dem 4. Jh. v.Chr. immer seltener ausgesprochen wurde. Durch diese Vermeidung des Gottesnamens wollte man das Zweite Gebot („Du sollst den Namen des Herrn, deines Gottes, nicht missbrauchen“, 2 Mo 20,7), besonders genau erfüllen. Gerade in den Psalmen tritt dadurch jedoch die persönliche Beziehung des Beters zu seinem Gott etwas in den Hintergrund. Denn ursprünglich spricht er Gott mit seinem Namen an. Das ist zugleich auch ein Bekenntnis: Der HERR, Jahwe, das ist der Gott, dem ich diene. Was der Name „Jahwe“ ursprünglich bedeutete, lässt sich nicht mehr erschließen. Viel wichtiger ist auch, dass dieser Name untrennbar mit Gottes Handeln an seinem Volk und in der ganzen Welt verbunden ist. Es ist dieser einmalige, unverwechselbare und persönliche Gott, zu dem sich der Beter bekennt. **wie herrlich ist dein Name.** Der Name Gottes steht für seine Gegenwart. Durch seinen Namen ist der unfassbar große Gott in der Welt gegenwärtig. Nach 1 Kön 8,16 ist deshalb der Tempel das Haus, in dem der Name Gottes wohnt. Doch Gottes Pracht und Gegenwart erfüllen nicht nur den Tempel. Selbst Himmel und Erde sind zu wenig, um ihn zu fassen (1 Kön 8,27). Und doch liegt diesem „unfassbaren" Gott etwas daran, dass der Mensch etwas von seiner Herrlichkeit erkennt.

V. 3: Aus dem Munde der jungen Kinder und Säuglinge hast du eine Macht zugerichtet um deiner Feinde willen, dass du vertilgest den Feind und den Rachgierigen. Im Mittelpunkt des Psalms steht die Frage nach dem Menschen (V. 5). Doch die ersten Vertreter der Menschheit, die erwähnt werden, sind Kinder und Säuglinge. „Säuglinge" konnte dabei in atl. Zeit durchaus noch 3- bis 4-jährige Kinder bezeichnen. Sie stehen hier im übertragenen Sinne für die Schwachen, die von sich aus keine Macht oder Kraft haben. Erfahrungen der Schwachheit schildert das AT aus ganz unterschiedlichen Perspektiven: In außenpolitischer Hinsicht musste Israel als Volk im Laufe seiner Geschichte immer wieder erfahren, dass sie Großmächten wie Ägypten oder Assur nichts entgegenzusetzen haben. Innenpolitisch waren es dagegen eher Propheten wie zum Beispiel Jeremia, die ohnmächtig zusehen mussten, wie ihre Mahnungen zur Umkehr in den Wind geschlagen wurden. Und im Blick auf persönliche Führungen kommen gerade in den Psalmen immer wieder Menschen in ihrer Schwachheit, in Bedrängnis und Not zu Wort. Gerade sie jedoch sind es, die Gott nicht fallen lässt, die er befreit, deren Wort er bestätigt, denen er Hilfe sendet, sodass sich an ihnen seine Macht auswirkt und erweist. Darin zeigt sich Gottes Souveränität und Größe: selbst durch die Schwachheit der Menschen kann seine Kraft wirken (2 Kor 12,9).

V. 4: Himmel ... Mond ... Sterne. Der Psalm geht von einem nächtlichen Sternenhimmel aus, die Sonne wird nicht erwähnt (vgl. dagegen Ps 19). Gerade wenn alles um uns herum im Dunkel versinkt, stehen wir diesen mächtigen Werken der Schöpfung besonders empfänglich gegenüber. Wie groß und weit der Kosmos tatsächlich ist, entzieht sich letztlich unserer Vorstellungskraft. Doch auch ohne ein präzises Bewusstsein von einer fast unendlichen Weite drängt sich unter dem Sternenhimmel das Empfinden dafür auf, wie klein der Mensch ist. Genau an diesem Punkt setzt die Frage aus V. 5 ein. **deiner Finger Werk ... die du bereitet hast.** Für den Psalmisten ist klar, dass diese Welt und der ganze Kosmos Schöpfung sind. Die Erde ist mehr als Natur oder Umwelt, sie entstammt Gottes Schöpferkraft und weist unablässig jeden Menschen, der auf ihr lebt, auf diesen Ursprung und damit auf Gott selbst hin.

V. 5: Was ist der Mensch, dass du seiner gedenkst? Das wirklich Erstaunliche am Menschen ist, dass Gott sich seiner annimmt. Mond und Sterne sind große Schöpfungswerke, die von allen beachtet und bewundert werden. Der Mensch ist dagegen klein und unbedeutend. Und doch: Bei Gott kommt er vor. Das verleiht ihm Würde, das macht ihn wertvoll. Von Eigenschaften, Taten oder Leistungen des Menschen wird hier nichts gesagt. Gott geht es um den Menschen an sich, nicht um die Würdigung herausragender Verdienste. Deshalb gilt seine Zuwendung ausnahmslos jedem Menschen. „Gedenken" meint hier mehr als nur ein rein gedankliches „sich an jemanden erinnern". Gottes Gedenken schließt bereits ein, dass er sich dem Menschen gnädig zuwendet. So heißt es zum Beispiel 1 Mo 30,22, dass Gott an Rahel „gedachte" und ihr das lang ersehnte Kind schenkte (vgl. auch 1 Mo 8,1). „Gedenken" beschreibt also eine Beziehung, eine umfassende Zuwendung, in der Gott zugunsten des Menschen aktiv wird. Die Frage aus V. 5 wird nicht beantwortet. Stattdessen beschreibt der Psalm nun, wie Gott sich dem Menschen zuwendet. Das macht noch einmal deutlich, dass diese Zuwendung allein in Gottes Liebe zu uns begründet ist.

V. 6: Du hast ihn wenig niedriger gemacht als Gott. Wörtl. könnte man übersetzen: „Im Vergleich zu Gott ließest du ihm nur ein wenig fehlen." Was dieses Wenige ist, bleibt ungesagt. Gerade in diesem geringen Abstand zu Gott wird die Würde des Menschen deutlich. Er ist fast wie Gott, weil Gott selbst ihn so haben wollte! Gott will den Menschen auch als ein Gegenüber, mit dem er in Beziehung treten kann. So macht er ihn zum königlichen Menschen, krönt ihn mit Ehre und Herrlichkeit. In ähnlicher Art und Weise beschreibt der Schöpfungsbericht in 1 Mo 1,27 den Menschen als Ebenbild Gottes. – Die alte griechische Übersetzung des Alten Testaments, die Septuaginta, hat Vers 6 etwas anders übersetzt. Das hebräische Wort für „Gott" gibt sie mit „Engel" wieder. Das ist zwar möglich, aber doch eher unwahrscheinlich, da ja auch 1 Mo 1,27 den Menschen direkt mit Gott in Beziehung setzt. Allerdings zitiert der Schreiber des Hebräerbriefes in Hebr 2,5-9 Psalm 8 aus dieser griechischen Übersetzung. So erklären sich die Unterschiede zwischen dem Zitat und dem alttestamentlichen Text.

V. 7: Alles hast du unter seine Füße getan. Der Vers benennt den Auftrag und die Vollmacht, die der Mensch von Gott bekommen hat: Er ist zum Herrscher auf dieser Erde eingesetzt. Wie diese Herrschaft im Einzelnen aussieht, bleibt wieder ungesagt. Im Zusammenhang des Psalms ist es jedoch eindeutig, dass der Mensch seine Vollmacht nur in der Bindung an Gott angemessen ausüben kann. Denn der Psalm beginnt und schließt mit einem Bekenntnis zu diesem Gott und seiner Größe. Nur wer selbst aus der Beziehung zu Gott als dem wahren Herrscher lebt, kann in seinem Auftrag die Herrschaft über „seiner Hände Werk" ausüben.
Der Herrschaftsauftrag berechtigt den Menschen dazu, seine Lebensbedingungen mitzugestalten. Darin zeigt sich ein sehr realistisches Bild dieser Welt. Denn obwohl

die Welt von Gott geschaffen ist, finden sich jetzt darin auch dem Menschen feindliche Kräfte. Diesen Kräften sind wir nicht nur passiv ausgeliefert. Wir können vielmehr dazu beitragen, dass die Lebensbedingungen für uns und für andere besser werden. Darin liegt auch das Recht des technischen Fortschritts. Gelingen kann das allerdings nur, wenn die Menschen sich in den durch V. 2 und V. 10 vorgegebenen Rahmen einordnen und damit in Verantwortung vor Gott entscheiden. Unsere Geschichte ist voll von Beispielen dafür, dass Menschen ohne diese Bindung an Gott zwar an Verbesserungen für sich selbst denken, aber nur zu schnell nicht mehr auf die Folgen für andere Menschen oder für die übrige Schöpfung achten.

V. 8.9: Schafe und Rinder allzumal. V. 8 und 9 entfalten das „alles" aus V. 7. Der Blick des Psalmisten geht dabei von seinem direkten Lebensumfeld aus und zieht immer weitere Kreise darum herum: Schafe und Rinder leben in unmittelbarer Nähe zum Menschen – zumindest in alttestamentlicher Zeit. Die wilden Tiere gehören schon nicht mehr zu „Haus und Hof", erst recht nicht die frei umherziehenden Vögel des Himmels oder die Fische. Das abschließende „alles, was die Meere durchzieht" bezieht schließlich auch die Kreaturen ein, die der Mensch als besonders bedrohlich erlebt. Dazu gehört etwa der Leviathan, den Hiob 40,25 – 41,3 beschreibt. – Der Auftrag zur Herrschaft bezieht also ausdrücklich auch die Bereiche ein, die sich der Mensch erst noch erschließen muss.

V. 10: HERR, unser Herrscher ... Erst die Wiederholung dieses Bekenntnisses aus V. 2 gibt den Aussagen über die Hoheit und Größe des Menschen den richtigen Rahmen. Nur in der Klammer der liebenden Anerkennung und Unterordnung unter Gottes Größe und Majestät (V. 2 und 10) ist der Mensch ein königlicher Mensch, denn diese Würde ist ihm von Gott verliehen. Wenn er diese Beziehung verliert, wird auch die Bewahrung seiner Würde und die rechte Ausführung seines Auftrags zum Problem. Das kann man heute nur zu deutlich erkennen.

3 *Wenn Gott schweigt*

Psalm 13

Einstieg

15–20 Minuten

Wählen Sie bitte eine oder zwei Fragen aus.

1. Was löst es in Ihnen aus, wenn jemand sich bei einer Begegnung abwendet und weggeht? Oder wenn jemand sich am Telefon immer wieder verleugnen lässt?

2. Was empfinden Sie, wenn Sie auf eine dringend benötigte Antwort warten müssen? Was geschieht, wenn die Antwort ausbleibt?

3. Gibt es Menschen, die Sie als Ihre „Feinde" bezeichnen würden?

Hilferuf eines Angefochtenen

1 Ein Psalm Davids, vorzusingen
2 HERR, wie lange willst du mich so ganz vergessen?
Wie lange verbirgst du dein Antlitz vor mir?
3 Wie lange soll ich sorgen in meiner Seele
und mich ängsten in meinem Herzen täglich?
Wie lange soll sich mein Feind über mich erheben?
4 Schaue doch und erhöre mich, HERR, mein Gott!
Erleuchte meine Augen, dass ich nicht im Tode entschlafe,
5 dass nicht mein Feind sich rühme, er sei meiner mächtig geworden,
und meine Widersacher sich freuen, dass ich wanke.
6 Ich traue aber darauf, dass du so gnädig bist;
mein Herz freut sich, dass du so gerne hilfst.
Ich will dem HERRN singen, dass er so wohl an mir tut.

Bibelgespräch

30–40 Minuten

1. Welche Fragen bewegen, ja quälen den Beter des Psalms?

2. Wie wirkt sich die Abwesenheit Gottes für den Beter aus?

3. Was erwartet er von Gott?

4. Der Psalm beschreibt einen Weg von der Klage zum Lob. Welche Stationen lassen sich erkennen?

5. „Klagen heißt, sein Herz vor Gott ausschütten." – Was halten Sie von dieser Aussage?

Austausch und Gebet

15–30 Minuten

1. Der Psalm führt in wenigen Versen aus einer verzweifelten Klage zum Lob Gottes. Ist dieser Umschwung für Sie nachvollziehbar?

2. Welche Erfahrungen, die in dem Psalm geschildert werden, kennen Sie aus Ihrem eigenen Leben?

3. Was können Sie aus diesem Gebet für das eigene Beten übernehmen?

4. Wenn Gott Ihnen bedingungslos zuhören würde, was würden Sie ihm gerne einmal sagen?

5. Was unterscheidet „Klagen" von „Jammern"?

6. Wo machen Ihnen Auseinandersetzungen mit anderen Menschen zu schaffen? Wie gehen Sie damit um? Ist der Psalm für Sie in solchen Situationen hilfreich? Warum bzw. warum nicht?

7. Öffnen Sie Gott Ihr Herz in ähnlicher Weise, wie der Psalmbeter in V. 1 und 2? Was hindert Sie u. U. daran?

Erläuterungen

Überblick zu Psalm 13. Psalm 13 folgt einem sehr strukturierten Aufbau. Nach der Überschrift in V. 1 bringt der Beter in V. 2.3 seine Klage vor Gott. Dabei geht es zuerst um Gottes Verhalten gegenüber dem Beter (V. 2), danach um die Auswirkungen dieses Verhaltens auf den Beter selbst (V. 3a) und als Drittes um das Verhältnis des Beters zu seinen Feinden (V. 3b). In V. 4.5 schildert der Beter nicht länger seine Not, sondern bittet um ganz konkrete Veränderungen. Wiederum geht es zuerst um das Verhältnis zu Gott (V. 4a), dann um den Beter selbst (V. 4b) und schließlich um die Feinde (V. 5). Mit V. 6 wechselt die Stimmung des Psalms: Der Beter bekennt, dass er auf Gott vertraut und sich über seine Hilfe freut.

V. 2: Herr, wie lange?
Vier Mal erklingt dieser Ausruf „Wie lange?" in diesem Psalm. Welchen konkreten Zeitraum der Beter damit beschreibt, wird nicht gesagt. Letztlich kommt es auch gar nicht darauf an, wie lange er schon auf Antwort von Gott wartet. Entscheidend ist, dass für ihn die Zeit *zu* lange und die Last *zu schwer* wird. In der Klage vor Gott muss der Beter sich nicht um Objektivität bemühen. Stattdessen schüttet er einfach sein Herz vor Gott aus (1 Sam 1,15; Ps 102,1). Dabei hält er nichts zurück, sondern er legt seine Ängste und Sorgen offen vor Gott dar. Die genaueren Umstände, die zu dieser Klage führten, lassen sich in Psalm 13 nicht erkennen. Der Beter sagt nichts über seine objektive Situation. Er leidet jedoch an der Diskrepanz zwischen den heilvollen Zusagen Gottes und der Wirklichkeit, wie er sie gerade erlebt. In Psalm 1 hieß es über den Menschen, der Gott fürchtet: „Alles, was er tut, gelingt ihm." Das ist Gottes Zusage. Die Wirklichkeit, wie der Beter dieses Psalms sie erlebt, sieht jedoch ganz anders aus. Der klagende Beter fügt sich jedoch nicht einfach in sein Schicksal oder wendet sich gar verbittert von Gott ab. Stattdessen macht er sich auf den Weg, um die verlorene Gemeinschaft mit Gott erneut zu suchen. Er will wieder dahin kommen, dass er die Zuwendung Gottes in seinem Leben erfährt.
... willst du mich so ganz vergessen? Wie lange verbirgst du dein Angesicht vor mir? Der Beter erlebt sich selbst fern von Gott. Gott kümmert sich nicht um ihn. Ein Grund dafür ist nicht erkennbar. Von Sünde oder Schuld auf Seiten des Beters wird in diesem Psalm kein Wort gesagt. Stattdessen sieht er die Ursache für seine Not ganz bei Gott. „Von Gott vergessen sein" beschreibt hier die Kehrseite der gnädigen Zuwendung Gottes. Im Segen verspricht Gott, dass er sein Angesicht

über den Menschen leuchten lässt (4 Mo 6,25). Doch der Beter des 13. Psalms spürt davon nichts. Weil er sich aber nach dieser Zuwendung sehnt, kommt er mit seiner Klage zu Gott.

V. 3: Wie lange soll ich sorgen in meiner Seele und mich ängsten in meinem Herzen täglich? Die fehlende Nähe Gottes lässt den Beter innerlich unruhig werden. Die Begriffe *Seele* und *Herz* können im Hebräischen beide den ganzen Menschen bezeichnen. Seele beschreibt darüber hinaus jedoch gerade auch den bedürftigen Menschen, der auf Gottes Fürsorge angewiesen ist. Das *Herz* wiederum ist – anders als in unserer Alltagssprache! – vor allem der Ort des Planens und Entscheidens. Das zeigt etwa Spr 16,9: „Des Menschen Herz erdenkt sich seinen Weg ..." Die Angst und Sorge, die hier beschrieben werden, betreffen den Menschen im innersten Kern seiner Person; sie sind mehr als nur eine flüchtige Verstimmung oder Enttäuschung.
Wie lange soll sich mein Feind über mich erheben? Die fehlende Nähe Gottes zum Beter zeigt sich auch darin, dass andere Menschen ihm zu schaffen machen. Vielleicht wollen sie seine Schwäche und Unsicherheit ausnutzen. Jetzt, wo Gott ihn verlassen hat, können sie ihn endlich aus dem Weg räumen.
Im Ablauf des Psalms werden die Feinde erst hier, am Ende der Klage, erwähnt. Vielleicht ist jedoch gerade die erlebte Anfeindung und die ausbleibende Hilfe Gottes der Anlass zu diesem Gebet. In jedem Fall gehört beides zusammen: Gottes Nähe lässt den Psalmisten auch in schwierigen Situationen zuversichtlich sein; wenn seine Hilfe dagegen ausbleibt, hat er auch feindlich gesonnenen Mitmenschen nichts entgegenzusetzen.

V. 4: Schaue doch und erhöre mich, Herr, mein Gott! Mit V. 4 beginnt der zweite Abschnitt des Psalms: aus der Klage geht das Gebet über zur Bitte. Wieder geht es zuerst um das Verhältnis Gottes zum Beter. Wenn Gott ihn wieder anschaut, dann ist sein Angesicht nicht mehr verborgen (vgl. V. 2). Dann lebt der Beter wieder unter dem leuchtenden Angesicht, durch das ihm Segen zugesprochen wird. In alttestamentlicher Zeit wurde diese Gegenwart Gottes besonders im Tempel greifbar. In den Tempel zu gehen bedeutet, vor Gottes Angesicht zu erscheinen (Ps 100,2; 5 Mo 31,11). Der Tempel war ein außergewöhnlich schönes und besonderes Gebäude. Doch entscheidend war, dass Gott für diesen Ort seine Gegenwart in besonderer Weise zugesagt hatte. Hier wollte er wohnen (1Kö 8,26-29). Heute gilt die Zusage der besonderen Gegenwart Gottes der Gemeinschaft der Christen untereinander. Christus will dort sein, wo Menschen in seinem Namen zusammenkommen (Mt 18,20). **Erleuchte meine Augen.** Der Lichtglanz des göttlichen Angesichtes wird auch die Augen des Beters erleuchten. Die Augen sind zugleich das „Fenster der Seele". Wenn sie erleuchtet werden, weichen die finsteren Gedanken und der Beter findet seine Sicherheit wieder. **dass ich nicht im Tod entschlafe.** Der Gedanke an den Tod erscheint hier nur ganz kurz, quasi als ein dunkler Hintergrund. Oder ist es doch das, worauf der Beter ohne Gottes Eingreifen unweigerlich zugeht? Tod bedeutet im Alten Testament zunächst nicht den Übergang zum ewigen Leben. Stattdessen bringt der Tod auch für den Frommen die Trennung von Gott: „Im Tode gedenkt man deiner nicht" (Ps 6,6). Erst allmählich keimt auch im Alten Testament die Hoffnung auf, dass die Gemeinschaft mit Gott selbst im Tode nicht zu Ende ist.

V. 5: dass nicht mein Feind sich rühme ... Abschließend geht es nun auch in der Bitte um das Verhältnis des Beters zu seinen Feinden. Auch sie werden nicht näher geschildert, aber sie bedrohen den Beter und wollen seine Unsicherheit („wanken") ausnutzen. – Heute scheuen wir uns, so direkt von „Feinden" zu reden. Die Psalmen sind hier viel unverblümter und benennen Konflikte deutlich. Vergleichbar unmittelbare Feindschaften erleben wir heute vielleicht am ehesten in Konkurrenzsituationen am Arbeitsplatz.

V. 6: Ich traue aber darauf, dass du so gnädig bist; mein Herz freut sich, dass du so gerne hilfst.
In V. 2 gab der Beter noch ohne Zurückhaltung seinem ängstlichen, sorgenvollen Herzen Ausdruck. Nur vier Verse später freut sich sein Herz bereits über Gottes Hilfe. Ist diese Wende nicht etwas zu schnell gekommen? Wenn er sich so schnell von tiefster Angst zur Freude wenden kann, kann ja die Not nicht so groß gewesen sein, oder? Zum Verständnis hilft es, sich zwischen V. 5 und V. 6 erst einmal eine Pause zu denken. Das gilt ganz sicher für jeden, der heute unter der Ferne Gottes leidet und sich gemeinsam mit dem Beter von Ps 13 auf den Weg zurück in die Gemeinschaft mit Gott macht. Sicher darf man dann sein Gebet auch mit V. 6 abschließen. Aber zugleich muss man dem eigenen Herzen auch Zeit lassen, diesen Weg zu gehen. Und das kann länger dauern als das betende Lesen des Psalms. Vielleicht lag auch beim Beter des Psalms zwischen den ersten Versen und dem Schlussvers zunächst eine Zäsur. Und erst etwas später, als Gott auf seine Bitte geantwortet hatte oder als ein Priester im Tempel ihm Gottes Gegenwart zugesprochen hatte, ergänzte er dann den abschließenden Vers 6. Für Psalm 13 als schriftlich festgehaltenes Gebet, das auch von anderen nachgebetet werden soll, ist der abschließende Vers unverzichtbar. Damit wird bestätigt, dass Gott die in dem Psalm formulierte Bitte erhörte. Deshalb heißt es am Schluss: Ich will dem Herrn singen, dass er so wohl an mir tut.

Die Feinde in den Psalmen

Die Beter der Psalmen erwähnen auffallend häufig, dass sie von Feinden bedrängt werden. Manchmal bestimmen diese Feinde das Thema eines ganzen Psalms (Ps 56; 58; 109), manchmal kommt diese Perspektive eher überraschend, so zum Beispiel in Ps 139,19-22. Immer geht es dabei allein um die Perspektive und Situation des Beters: Er bittet um Bewahrung vor den Anschlägen der Feinde, ja, er beschwört Gott inständig, die Feinde zu vernichten; er gibt seinem ganzen Hass gegenüber den Widersachern Ausdruck. Er schildert, was in ihm vorgeht, welche Bedrohungen er durchleidet. Es geht also in erster Linie um ein Mitteilen seiner Eindrücke und Empfindungen, nicht um eine möglichst sachliche Schilderung der Umstände. Diese Empfindungen werden häufig auch poetisch gefasst: „Jeden Abend kommen sie wieder, heulen wie die Hunde und laufen in der Stadt umher. Siehe, sie geifern mit ihrem Maul; Schwerter sind auf ihren Lippen: ‚Wer sollte es hören?'" (Ps 59,7-8). Oder in Ps 22,13-14: „Gewaltige Stiere haben mich umgeben, mächtige Büffel haben mich umringt. Ihren Rachen sperren sie gegen mich auf wie ein brüllender und reißender Löwe."

In diesen Schilderungen wird das Leiden an den Feinden offen und manchmal auch sehr drastisch formuliert. Immer jedoch werden die Feinde im Gebet, in der Klage und Bitte vor Gott genannt! Jede Aktion, alles Bekämpfen der Feinde wird allein Gott überlassen. „Die Feindpsalmen bewegen sich auf der schmalen Grenze zwischen Racheanmaßung und Racheverzicht. Sie artikulieren den Schrei nach Gerechtigkeit in einer Welt voll Ungerechtigkeit und hoffen darauf, dass Gott dem Bedrängten gegen alle Anfeindung Gehör schenkt und Hilfe bringt" (Bernd Janowski).

Wie eigentlich immer in den Psalmen geht es auch in den Schilderungen der Feinde in erster Linie um Gott, um das Verhältnis des Beters zu ihm und um sein Wirken in dieser Welt. Durch die Feinde und ihre Aktionen gegen den Beter wird Gottes Handeln in der Welt beeinträchtigt. Deshalb bittet der Beter: „Lass der Gottlosen Bosheit ein Ende nehmen" (Ps 7,10). In dieser Bitte wird bezeichnenderweise zwischen der Bosheit und dem Gottlosen unterschieden. Die Erhörung der Bitte könnte also auch dadurch geschehen, dass der Gottlose zur Einsicht kommt und damit seine Bosheit ein Ende hat. Diese Unterscheidung findet sich in den Psalmen zwar eher selten; und doch lässt sie erkennen, dass es letztlich um Gottes Ehre geht, nicht um eine Vernichtung von unliebsamen Widersachern.

Die Feindpsalmen fordern uns heute heraus, über unseren Umgang mit Bedrohung und Ängsten nachzudenken. Bedrohungen erleben wir in verschiedensten Lebenssituationen. Sie können von Umständen oder von Personen ausgehen und lösen in der Regel Angst aus. Wer solche Ängste nun nicht einfach ignorieren oder verdrängen will, muss letztlich der Bedrohung ins Auge sehen. Das schließt ein, dass man die Bedrohung beim Namen nennt oder ihr vielleicht erst einen Namen gibt. Darin wird zwar zunächst die Gefährdung des eigenen Lebens noch deutlicher bewusst. Doch ist es nicht besser, den Feind beim Namen zu nennen, als ständig nur einer verschwommenen Bedrohung ausgesetzt zu sein? Genau diese Benennung der Bedrohung, die Zuweisung an konkrete Feinde, geschieht in den Psalmen. Doch das ist nicht das Ende: Diese Feinde werden dann im Gebet vor Gott gebracht. Darin bekommen auch manch dunkle Gedanken unseres Herzens vor Gott eine Stimme – und können von ihm beseitigt und überwunden werden.

Wer die Feindschilderungen der Psalmen vorschnell überblättert, beraubt sich damit auch einer Einsicht in die dunklen Seiten des Lebens und der menschlichen Erfahrung. Der Psalter umfasst das ganze Leben, deshalb muss er letztlich auch solche Texte enthalten. Und sind es nicht gerade diese Texte, die Menschen in schwersten Zeiten noch eine Stimme geben können, die sie trotz aller Verzweiflung noch zu Gott rufen lassen? Angesichts unzähliger Menschen, die auf der ganzen Welt unter Krieg und Terror leiden, haben deshalb auch diese Psalmen immer noch ihr Recht und ihre Bedeutung.

„Nicht diese Psalmen sind das Ärgernis und die Provokation, sondern die Menschen und ihre Welt sind das Ärgernis. Weil dies so ist, braucht es diese Psalmen. In ihnen wird Gott selbst mit diesem Ärgernis konfrontiert." (Erich Zenger)

4 Gott bleibt nicht verborgen

Psalm 19

Einstieg

15–20 Minuten

Wählen Sie bitte eine oder zwei Fragen aus.

1. Welches kleine oder große Naturphänomen fasziniert Sie besonders?

2. Welche Botschaft verkünden „die Himmel" im Zeitalter des Satellitenfernsehens und der Mobiltelefone?

3. Was verbinden Sie mit dem Begriff „Gesetz"? Auf welches Gesetz in unserer Rechtsprechung würden Sie nicht verzichten wollen?

Gottes Herrlichkeit in seiner Schöpfung und in seinem Gesetz

1 Ein Psalm Davids, vorzusingen
2 Die Himmel erzählen die Ehre Gottes,
und die Feste verkündigt seiner Hände Werk.
3 Ein Tag sagt's dem andern,
und eine Nacht tut's kund der andern,
4 ohne Sprache und ohne Worte;
unhörbar ist ihre Stimme.
5 Ihr Schall geht aus in alle Lande
und ihr Reden bis an die Enden der Welt.
Er hat der Sonne ein Zelt am Himmel gemacht;
6 sie geht heraus wie ein Bräutigam aus seiner Kammer
und freut sich wie ein Held, zu laufen die Bahn.
7 Sie geht auf an einem Ende des Himmels
und läuft um bis wieder an sein Ende,
und nichts bleibt vor ihrer Glut verborgen.
8 Das Gesetz des HERRN ist vollkommen
und erquickt die Seele.
Das Zeugnis des HERRN ist gewiss
und macht die Unverständigen weise.
9 Die Befehle des HERRN sind richtig
und erfreuen das Herz.
Die Gebote des HERRN sind lauter
und erleuchten die Augen.
10 Die Furcht des HERRN ist rein und bleibt ewiglich.
Die Rechte des HERRN sind wahrhaftig, allesamt gerecht.
11 Sie sind köstlicher als Gold und viel feines Gold,
sie sind süßer als Honig und Honigseim.

12 Auch lässt dein Knecht sich durch sie warnen;
und wer sie hält, der hat großen Lohn.
13 Wer kann merken, wie oft er fehlet?
Verzeihe mir die verborgenen Sünden!
14 Bewahre auch deinen Knecht vor den Stolzen,
dass sie nicht über mich herrschen;
so werde ich ohne Tadel sein und unschuldig bleiben
von großer Missetat.
15 Lass dir wohlgefallen die Rede meines Mundes
und das Gespräch meines Herzens vor dir,
HERR, mein Fels und mein Erlöser.

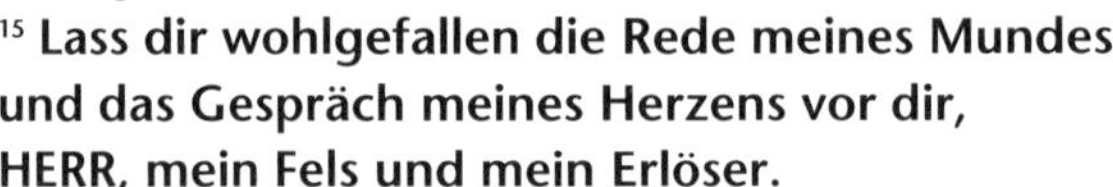

Bibelgespräch

30–40 Minuten

1. Welcher Vers in diesem Psalm spricht Sie am meisten an? Warum?

2. Welche Botschaft vernimmt der Beter dieses Psalms beim Blick in den Himmel oder auf die Erde und ihre Ordnungen?

3. Wie beschreibt der Psalm die Auswirkungen der Gebote Gottes auf das Leben der Menschen?

4. „Köstlicher als Gold" oder „süßer als Honig": Wie gefallen Ihnen diese Vergleiche für die Gebote Gottes? Gibt es andere Bilder, die Sie mehr ansprechen würden?

5. „Verzeihe mir die verborgenen Sünden" (V. 13). Was besagt diese Bitte über den Umgang des Beters mit der Schuld?

6. Wie passen die verschiedenen Abschnitte und Themen des Psalms zusammen? Gibt es einen inneren Zusammenhang zwischen dem Blick in die Schöpfung (V. 1-7) und dem Lobpreis auf Gottes Gesetz (V. 8-11)?

7. Was zeigt die Offenbarung Gottes in seinen Worten und Weisungen, was sich aus der Schöpfung nicht erkennen lässt?

Austausch und Gebet

15–30 Minuten

1. Welche Erfahrungen haben Sie mit Gottes Weisung und Geboten gemacht? Deckt sich das mit den Beschreibungen des Psalms?

2. Sehen Sie Möglichkeiten, wie wir auch im Alltäglichen Gottes Schöpfung neu entdecken und auf ihre Botschaft hören können?

3. Wie wird Ihr Glaube durch das Nachdenken über Gottes Schöpfung gestärkt und vertieft? Wie durch das Nachdenken über sein Wort?

4. Welche Erfahrung mit Gott würde Sie so in Begeisterung versetzen wie den Verfasser dieses Psalms? Vielleicht schreiben Sie dazu Ihren eigenen Psalm?

Erläuterungen

Überblick zu Psalm 19: Der Psalm besteht aus drei Teilen: V. 2-7, 8-11 und 12-15. In den ersten beiden Abschnitten beschreibt der Dichter Gottes Herrlichkeit, zunächst in der Schöpfung (V. 2-7), dann in seiner Weisung und seinen Ordnungen (V. 8-11). Im dritten Teil (V. 12-15) spricht er dann nicht mehr *über* Gott, sondern *mit* ihm und sagt ihm ganz direkt, was ihn bewegt.
Auf den ersten Blick stehen die beiden ersten Abschnitte eher unverbunden nebeneinander. Auch stilistisch lassen sie sich klar voneinander unterscheiden. V. 2-7 verwendet eher längere und fast etwas geheimnisvolle Beschreibungen. Dem stehen in V. 8-11 kurze, klare Sätze gegenüber. Doch es ist der eine Gott, dessen Herrlichkeit sich sowohl in der Schöpfung als auch in seinen Ordnungen und Geboten zeigt. Die Bedeutung seines Wirkens erfasst, wer sich auf diese beiden Weisen seiner Offenbarung einlässt.

Die beiden ersten Abschnitte verwenden jeweils auch andere Gottesbezeichnungen. V. 2 nennt Gott mit dem allgemeineren Wort „El" – „Gott"; ab V. 8 wird dagegen ausdrücklich von „Jahwe", dem Gott Israels, gesprochen. Dieser alttestamentliche Gottesname wird in der Lutherbibel mit HERR (in Großbuchstaben) wiedergegeben (vgl. auch zu Ps 8,2).

V. 2: Die Himmel erzählen die Ehre Gottes. Die ersten Verse sprechen von einer Botschaft, die jederzeit und überall verkündigt wird. Und doch ist es eine Botschaft ohne Worte, **unhörbar ist ihre Stimme**. Damit beschreibt der Psalm auf seine Art, wie schwierig es ist, Gott in der Natur zu erkennen. Oder anders gesagt: Längst nicht jeder wird die Natur, die Umwelt als Gottes Schöpfung sehen. Doch wer sich auf diese Perspektive erst einmal eingelassen hat, wird im Kleinen und im Großen aus dem Staunen nicht mehr herauskommen. Ob in der feinen Struktur und ausgefeilten Technik eines Spinnennetzes oder in der Majestät eines alpinen Gipfelpanoramas – überall ist Gottes Herrlichkeit zu finden. Und doch kann man die Natur und ihre Ordnungen auch betrachten, ohne Gottes Wirken darin zu erkennen. Warum das so ist, wird im Psalm nicht erläutert. Im NT schreibt Paulus jedoch in seinem Brief an die Römer, dass es die Trennung der Menschen von Gott ist, die ihnen diese Einsicht verwehrt (vgl. Röm 1,19-21).

V. 5: Er hat der Sonne ein Zelt am Himmel gemacht. Der Dichter beschreibt den Lauf der Sonne wie auch schon die „himmlische Botschaft" mit poetischen Formulierungen. Er beginnt mit dem, was er Tag für Tag beobachten kann. Doch es geht ihm nicht nur um die harten Fakten, sondern auch um die Schönheit der Sprache, die etwas von der Herrlichkeit Gottes widerspiegeln soll. Die Psalmen wollen deshalb auch laut gelesen werden, damit die Sprache besser zur Wirkung kommt.

In seinem Oratorium „Die Schöpfung" hat Joseph Haydn gerade den ersten Teil dieses Psalms in ganz besonderer Weise zum Klingen gebracht.

V. 7: nichts bleibt vor ihrer Glut verborgen. Wenn schon die Sonne alles an den Tag bringt, was soll man dann erst über Gott, den Schöpfer dieses alles erhellenden Lichtes sagen? Wie gut, dass er bei allem Wissen ein Gott der Liebe ist, der sich uns vor allem in seiner Gnade und Barmherzigkeit zuwendet. Und so steht die Sonne auch für die Strahlen seiner wärmenden Liebe, die uns überall erreichen.

V. 8: Das Gesetz des Herrn ist vollkommen. Für „Gesetz" steht hier im Hebräischen wieder „Tora" wie schon in Ps 1,2 (vgl. die Erklärung dort). In den folgenden Zeilen verwendet der Dichter noch verschiedene andere Bezeichnungen, die gemeinsam das Reden Gottes zu den Menschen beschreiben: **Zeugnis des Herrn** (V. 8b), **Befehle des Herrn** (V. 9a), **Gebote des Herrn** (V. 9b) und **Rechte des Herrn** (V. 10b). Solche Variationen entsprechen dem Stil der hebräischen Dichtung. In unterschiedlichen Formulierungen werden jeweils Aspekte desselben Themas geschildert, die sich gegenseitig ergänzen.
Aufschlussreich sind hier die *Wirkungen*, die den Geboten Gottes zugeschrieben werden. Alle diese Aussagen lassen etwas von der Freude des Psalmisten über die göttliche Weisung erkennen. Es **erquickt die Seele** (vgl. Ps 23,3). Seele meint hier wie auch an anderen Stellen im AT nicht nur einen Teil des Menschen, sondern steht für den ganzen Menschen. Der Mensch als Ganzer ist eine „lebendige Seele" (1Mo 2,7). Wenn das AT den Menschen als „Seele" bezeichnet, dann kann es damit zugleich auch seine Bedürftigkeit, sein Angewiesensein auf Gott betonen. Ps 63,2 und 107,9 sprechen ausdrücklich von der „durstigen Seele". So lässt sich auch dieser Vers verstehen: Der Psalmist sehnte sich nach etwas, was er in sich selbst nicht finden konnte. Und er bezeugt, dass für ihn diese Sehnsucht durch Gottes Weisungen zur Ruhe kam. Es **macht die Unverständigen weise**. Weisheit bezeichnet im AT die Fähigkeit, in Alltagssituationen angemessene Entscheidungen zu treffen. Dabei geht es nicht nur um religiöse Fragestellungen, sondern auch um allgemeine Lebensfragen. Das Buch der Sprüche, als ein Teil des Redens Gottes zu den Menschen, gibt dazu eine ganze Reihe praktischer Ratschläge. Doch sich im Alltag orientieren kann nur der, der für sein Leben eine Richtung gefunden hat. Und genau das geschieht, wenn jemand sich an Gottes Weisung hält. Diese Grundausrichtung des Lebens befähigt, auch in Einzelfragen den Überblick zu behalten und einen guten Weg zu finden. Und manchmal liegt diese Weisheit allein darin, nicht allein entscheiden zu wollen, sondern auch andere um Rat zu fragen.

V. 9: erfreuen das Herz. „Herz" ist neben Seele im AT ein weiterer Zentralbegriff für den Menschen. Im Unterschied zu unserem Bild vom Menschen beschreibt es jedoch vor allem das Denken und Entscheiden, nicht so sehr die Gefühlswelt. Es ist das Herz, das „nach Erkenntnis sucht" (Spr 15,14) oder das „den Lebensweg plant" (Spr 16,9). An vielen Stellen könnte man deshalb das alttestamentliche „Herz" auch mit „Verstand" oder „Willenskraft" wiedergeben. Ein eigenes Wort für das Gehirn als Organ des Menschen kennt das AT nicht.
Gottes Weisung richtet sich also auch an den menschlichen Verstand. Und sie will ihn *erfreuen*, nicht überrumpeln oder hintergehen. Glauben und Denken stehen hier nicht im Gegensatz zueinander. Stattdessen erschließt das Vertrauen auf Gott dem Denken neue, erfreuliche Perspektiven. Diese Erfahrung bewährt sich beim Lesen der Bibel bis heute. Allerdings gilt auch hier: Nur auf die Schnelle lässt sich diese Freude nicht finden. Beim ersten Blick kann manch biblischer Texte auch Befremden und Ärger auslösen. Doch wer diesen Worten mit einem „hörenden Herzen" (1 Kön 3,9) begegnet, wird in ihnen auch die Freude finden, von der der Psalmist schreibt. **erleuchten die Augen.** „Erleuchtete Augen" sind ein Zeichen für einen guten Allgemeinzustand. So bittet der von Kummer geplagte Beter in Ps 13,4: „Erleuchte meine Augen." In den Augen spiegelt sich demnach der innere Zustand des Menschen. Und wenn seine Seele erquickt wird, wenn sein Herz und Verstand sich freuen, dann erstrahlen auch die Augen.

V. 11: Köstlicher als Gold. Gold ist in alttestamentlicher Zeit das kostbarste Metall. Es steht deshalb für die Krönung alles materiellen Besitzes. Doch was ist schon alles Gold gegenüber dem, was das Leben erst lebenswert macht? Deshalb heißt es in Spr 22,1: „Ein guter Ruf ist köstlicher als großer Reichtum und anziehendes Wesen besser als Silber und Gold." Schon in zwischenmenschlichen Beziehungen zeigt sich also, dass Gold nicht das Wertvollste ist, was ein Mensch besitzen kann. Umso mehr gilt das dann für die Beziehung zu Gott. Was uns den Weg zu Gott zeigt, ist deshalb um vieles köstlicher als Gold. **Süßer als Honig.** Das von Gott verheißene Land ist nach 2Mo 3,17 ein Land, in dem „Milch und Honig fließt". Und in Spr 24,1 fordert der Weisheitslehrer seinen Schüler auf: „Iß Honig, mein Sohn, denn er ist gut, und Honigseim ist süß deinem Gaumen." Genauso kostbar ist auch Gottes Recht und Gerechtigkeit, die er seinem Volk gibt. Allerdings wird das nur dann zur Wirkung kommen, wenn das Volk auch nach diesen Ordnungen lebt. Wo das nicht der Fall ist, wird das Recht aus süßem Honig in bitteren Wermut verwandelt (Am 5,7; 6,12).

V. 13: Wer kann merken, wie oft er fehlet? Nach dem vielfältigen Lob der göttlichen Gebote erstaunt dieser Satz. Sollte man nicht meinen, dass ein so guter Kenner des Gesetzes genau merkt, ob er es übertreten hat? Stattdessen stellt der Psalmist fest, dass er genau das nicht kann. Das entspricht dem, was wir im Umgang miteinander tagtäglich erleben. Jeder bringt seine Prägungen und Sichtweisen ein, und längst nicht immer erkennen wir, wo wir aneinander schuldig werden oder durch unser Verhalten andere verletzen. Obwohl also der Psalmist auf der einen Seite Gottes Weisung über alles lobt, weiß er doch ganz genau, dass man nicht alles richtig machen kann.
Martin Luther schreibt dazu in seiner Auslegung des Psalms: „Es ist aber gut, zu wissen, dass auch die Gerechten noch Sünder sind. In Sünden stecken ist gefährlich, aber nicht darinnen stecken ist auch gefährlich." Das Wissen um die eigenen Fehler bewahrt davor, dass von Gott Gerechtfertigte zu Selbstgerechten oder frommen Perfektionisten werden. Zugleich gibt es aber auch keinen Grund, angesichts von Fehlern und Schwächen einfach zu resignieren und sich nur noch treiben zu lassen. Denn das Festhalten an Gottes Weisung wiederum hilft, seinen Weg auch in einer komplexen Welt und Gesellschaft zu finden. Beides gemeinsam ist für ein christliches Leben auch in unserer Zeit unverzichtbar. **Verzeihe mir die verborgenen Sünden.** Diese Bitte zeigt in ganz besonderer Art und Weise, wie der Beter zu seinem Gott steht. Der ganze Zusammenhang des Psalms wie auch die unmittelbar vorausgehende Frage machen deutlich, dass diese Bitte aus dem Vertrauen auf Gottes Gnade kommt. Ohne diesen Zusammenhang könnte man sie auch als Ausdruck eines verängstigten Gewissens verstehen. So, als ob der Beter sich vor Gott und seiner Strafe fürchten würde und deshalb alle Winkel seines Lebens durchforscht. Keinen noch so kleinen Fehler will er übersehen. Und es stimmt ja auch: Der Beter hat erkannt, dass er trotz aller Freude an Gottes Weisung immer wieder vor ihm und den Menschen schuldig werden wird. Er weiß, dass er die Sünde aus seinem Leben nicht einfach ein für allemal ausrotten kann. Doch gerade deshalb vertraut er auf Gottes Gnade. Und weil Gott so gnädig ist, kann er ihn sogar um Vergebung noch verborgener Sünden bitten. Damit überlässt er es Gott und seiner Weisheit, ob er das noch Verborgene zuerst aufdeckt, oder gleich vergibt.
Aufschlussreich ist auch, dass die Bitte insgesamt sehr kurz gehalten ist. Der Beter beteuert Gott gegenüber nicht wortreich, wie leid ihm das alles tut und wie gerne er doch fehlerfrei leben würde oder was auch immer man hier noch anhängen könnte. Die Kürze der Bitte zeigt dagegen schon etwas von der Gewissheit der Erhörung. So hat Jesus auch seine Jünger beten gelehrt. Sie brauchen nicht viele Worte zu machen. Sie dürfen darauf vertrauen, dass der Vater im Himmel schon längst weiß, was sie brauchen (Mt 6,7.8).

V. 14: Dein Knecht. Immer wieder bezeichnen die Beter der Psalmen sich selbst als Knechte Gottes. Damit unterstreichen sie ihre Abhängigkeit von ihm. Er allein ist der Herr – wir Menschen können nur seine Knechte sein. Dabei spielt es keine Rolle, welche Funktion jemand in der Gesellschaft übernimmt, ob er beruflich vielleicht selbst über andere zu bestimmen hat: Im Verhältnis zu Gott bleiben wir Abhängige. Im Neuen Testament wird diese Verhältnisbestimmung vertieft durch die Bezeichnung als „Kinder Gottes" (vgl. Röm 6,22; 8,15). Auch Kinder sind von ihrem Vater abhängig; und doch ist das Verhältnis des Vaters zu den Kindern viel stärker noch von Liebe und Fürsorge geprägt. Allerdings hat auch bereits in atl. Zeit der Herr eine Fürsorgepflicht gegenüber seinem Knecht. Deshalb kann der Beter sich hier bedingungslos Gott als seinem Herrn anvertrauen.

V. 14: Bewahre auch deinen Knecht vor den Stolzen, dass sie nicht über mich herrschen. So gerne sich der Beter einerseits Gottes Herrschaft unterordnet, so sehr will er andererseits auch nicht in falsche Abhängigkeiten geraten. Aus dem Psalm ist nicht erkennbar, wen genau der Beter hier vor Augen hat. Nach Ps 119,51 und Spr 21,24 geht es bei den „Stolzen" um Menschen, die sich nicht an Gottes Gebote halten und spöttisch über ihn reden. Kein Wunder, dass der Beter nicht in den Macht- oder Einflussbereich von solchen Menschen geraten will. Der Konflikt zwischen der geforderten Loyalität gegen diese irdischen Herren und seinem himmlischen Herrn würde nicht lange auf sich warten lassen. Und er fürchtet, dass ihn das auch Gott gegenüber in Schwierigkeiten bringen könnte (V. 14b).

V. 15: Lass dir wohlgefallen die Rede meines Mundes. Die Frage nach dem, was Gott gefällt, wird mit dieser Formulierung sonst vor allem im Zusammenhang mit der Darbringung eines Opfers gestellt (3 Mo 22,21; Jer 6,20). So, wie Gott Freude an Dankopfern hat, möchte der Beter auch seinen Psalm Gott weihen. Anscheinend geht er davon aus, dass auch dieser Psalm so gelungen ist, dass er Gott gefallen wird. In ähnlicher Weise verweist auch der Dichter des 45. Psalms ebenfalls auf seine Kunstfertigkeit: „Mein Herz dichtet ein feines Lied, einem König will ich es singen; meine Zunge ist ein Griffel eines guten Schreibers" (Ps 45,2). Bezeichnend ist dabei die Kombination von V. 14 und V. 15: Im einen Vers die Betonung der Abhängigkeit von Gott, im anderen das Wissen um die eigene Kunstfertigkeit, sodass das Gedicht ein Dankopfer für Gott sein kann. **Herr, mein Fels und mein Erlöser.** Mit diesem doppelten Bekenntnis werden im letzten Satz noch einmal die beiden Hauptteile des Psalms zusammengefasst. Als der Schöpfer ist Gott der Fels, der alles umfasst, auf dem die ganze Welt und damit auch das Leben des Beters ruht. In Israel hat Gott sich darüber hinaus auch durch seine Worte und Gebote offenbart. Er hat sein Volk aus der Sklaverei in Ägypten befreit. Und er ist auch für jeden einzelnen der Erlöser von Sünde und Schuld.

5 Auch in Schwierigkeiten geborgen

Psalm 31

Einstieg

15–20 Minuten

Wählen Sie bitte eine oder zwei Fragen aus.

1. Was ist für Sie ein sicherer Ort? Oder mit welchem Bild würden Sie „Sicherheit" zum Ausdruck bringen?

2. Ist Ihnen in letzter Zeit einmal etwas zerbrochen? Was haben Sie mit den Scherben gemacht?

3. Wann haben Sie Angst vor Ansteckung?

In Gottes Händen geborgen

1 Ein Psalm Davids, vorzusingen.
2 HERR, auf dich traue ich, lass mich nimmermehr zuschanden werden,
errette mich durch deine Gerechtigkeit!
3 Neige deine Ohren zu mir, hilf mir eilends!
Sei mir ein starker Fels und eine Burg, dass du mir helfest!
4 Denn du bist mein Fels und meine Burg,
und um deines Namens willen wollest du mich leiten und führen.
5 Du wollest mich aus dem Netze ziehen, das sie mir heimlich stellten;
denn du bist meine Stärke.
6 In deine Hände befehle ich meinen Geist;
du hast mich erlöst, HERR, du treuer Gott.
7 Ich hasse, die sich halten an nichtige Götzen;
ich aber vertraue auf den HERRN.
8 Ich freue mich und bin fröhlich über deine Güte,
dass du mein Elend ansiehst und kennst die Not meiner Seele
9 und übergibst mich nicht in die Hände des Feindes;
du stellst meine Füße auf weiten Raum.
10 HERR, sei mir gnädig, denn mir ist angst!
Mein Auge ist trübe geworden vor Gram,
matt meine Seele und mein Leib.
11 Denn mein Leben ist hingeschwunden in Kummer
und meine Jahre in Seufzen.
Meine Kraft ist verfallen durch meine Missetat,
und meine Gebeine sind verschmachtet.
12 Allen meinen Bedrängern bin ich ein Spott geworden,
eine Last meinen Nachbarn und ein Schrecken meinen Freunden.
Die mich sehen auf der Gasse, fliehen vor mir.

13 Ich bin vergessen im Herzen wie ein Toter;
ich bin geworden wie ein zerbrochenes Gefäß.
14 Denn ich höre, wie viele mich verleumden:
Schrecken ist um und um!
Sie halten Rat miteinander über mich
und trachten danach, mir das Leben zu nehmen.
15 Ich aber, HERR, hoffe auf dich
und spreche: Du bist mein Gott!
16 Meine Zeit steht in deinen Händen.
Errette mich von der Hand meiner Feinde und von denen,
die mich verfolgen.
17 Lass leuchten dein Antlitz über deinem Knecht;
hilf mir durch deine Güte!
18 HERR, lass mich nicht zuschanden werden;
denn ich rufe dich an.
Die Frevler sollen zuschanden werden
und verstummen im Totenreich.
19 Verstummen sollen die Lügenmäuler,
die da reden wider den Gerechten frech, stolz und höhnisch.
20 Wie groß ist deine Güte, HERR,
die du bewahrt hast denen, die dich fürchten,
und erweisest vor den Menschen denen, die auf dich trauen!
21 Du birgst sie im Schutz deines Angesichts vor den Rotten der Leute,
du verbirgst sie in der Hütte vor den zänkischen Zungen.
22 Gelobt sei der HERR; denn er hat seine wunderbare Güte
mir erwiesen in einer festen Stadt.
23 Ich sprach wohl in meinem Zagen:
Ich bin von deinen Augen verstoßen.
Doch du hörtest die Stimme meines Flehens,
als ich zu dir schrie.
24 Liebet den HERRN, alle seine Heiligen!
Die Gläubigen behütet der HERR und vergilt reichlich dem,
der Hochmut übt.
25 Seid getrost und unverzagt
alle, die ihr des HERRN harret!

Bibelgespräch

30–40 Minuten

1. In welcher Lebenssituation befindet sich der Beter dieses Psalms?

2. Welche Stimmungen spiegeln sich in diesem Psalm?

3. „Du bist mein Fels und meine Burg" – was drückt der Beter mit diesen Bildern aus?

4. „Ich hasse, die sich halten an nichtige Götzen" (V. 7). Was mag den Beter zu dieser Aussage bewogen haben? Ist sie für Christen nachvollziehbar?

5. Woraus schöpft der Beter in seiner schwierigen Lage Hoffnung (V.6.8.9.16 u.a.)?

6. Wie zeigt es sich, wenn Gott den Lebensraum weit macht (V. 9)?

7. Wie kann unsere Zeit, unser Leben in Gottes Hand gelangen (V. 16)? Oder ist es bereits dort?

8. Wofür lobt der Beter Gott – selbst in einer offensichtlich sehr schwierigen Situation (V. 22ff)? Welche anderen Erfahrungen gibt es, für die Menschen Gott loben können?

9. Welche der Aufforderungen in V. 24.25 brauchen Sie am nötigsten?

Austausch und Gebet

15–30 Minuten

1. Waren Sie schon einmal in einer Situation, die der des Beters vergleichbar ist? Wie sind Sie damit umgegangen?

2. Was gibt Ihrem Leben Sicherheit? Welche Bedeutung haben zum Beispiel gute Gewohnheiten und Rituale für einen gefestigten Glauben?

3. Wie werden Sie mit Anfeindungen fertig? Können Sie auf gute Erfahrungen mit Gott zurückblicken, die Ihnen in schwierigen Situationen Kraft geben?

4. Gibt es derzeit in Ihrem Leben „Netze" oder „Fallstricke" – Situationen, die Sie bedrohen oder an denen Sie scheitern könnten? Hilft Ihnen der Psalm, auch dafür Hilfe von Gott zu erbitten und zu erwarten?

5. Haben Sie ähnliche Erfahrungen mit Gott gemacht wie der Psalmbeter? Was können Sie anderen davon weitergeben?

6. Welchen Vers aus diesem Psalm möchten Sie auswendig lernen und zu Ihrem eigenen Gebet machen?

Erläuterungen

Überblick zu Psalm 31: Der Psalm ist aus vielen Erfahrungen des Beters mit Gott heraus entstanden. Deshalb finden sich in diesen Versen ganz unterschiedliche Aussagen über das Verhältnis zu Gott: Vertrauen und Geborgenheit bei Gott genauso wie Bedrängnis und Anfeindung in der Ferne von ihm. In dieser Vielfalt kommen auch unterschiedliche Zeitebenen ins Spiel: Rückblick auf bereits erlebte Bedrängnis und Errettung, aktuelle Empfindungen der Hilflosigkeit und Ausblick auf das, was Gott ganz gewiss tun wird.
Im vielschichtigen Aufbau des Psalms spiegelt sich etwas von der Komplexität der Glaubenserfahrung mitten im Leben und in der Geschichte eines Menschen. Da gibt es Höhen und Tiefen, Zeiten zum Klagen und Zweifeln, aber auch Zeiten des Lobes und der Gewissheit. Das, was alle diese Zeiten zusammenhält und damit auch das Leben des Beters trägt, fasst er zusammen in V. 16: „Meine Zeit steht in deinen Händen."
Nach der Überschrift in V. 1 bilden V. 2-9 den ersten Abschnitt des Psalms. In Anfeindung und Bedrängnis vertraut der Beter Gott sein Leben an und bittet ihn um Rettung.
In V. 10-14 schildert er ausführlich, wie schlecht es um ihn steht. Krankheit, Schuld, die Verborgenheit Gottes und die Gefährdung seines Lebens durch andere Menschen lassen sein Leben zerbrechen.
V. 15-19 bekennt er noch einmal sein Vertrauen und bittet Gott, nun endlich einzugreifen. Nicht er, sondern seine Feinde sollen zuschanden werden.
V. 20-25 blicken auf die bereits geschehene Rettung zurück. Die Einsamkeit des Beters ist durchbrochen, jetzt ist er wieder Teil der Gemeinde. Mit ihm gemeinsam sollen sie Gott für seine Rettung preisen.
Die Überschrift in V. 1 widmet den Psalm David oder verweist auf ihn als denjenigen, der dieses Gebet zuerst gesprochen hat. Eine aus den David-Erzählungen bekannte Situation in seinem Leben lässt sich allerdings nicht mit Bestimmtheit erschließen. Am ehesten könnte man vielleicht an die Zeit der Verfolgung durch Saul denken (vgl. zu V. 3.4).

V. 2: HERR. Unmittelbar am Anfang des Psalms spricht der Beter Gott mit seinem Namen an (s. auch Erklärung zu Psalm 8,2). Mit diesem Namen verbindet sich Gottes lange Geschichte mit dem Volk Israel und auch mit jedem einzelnen. Der Gott, der Israel aus Ägypten errettet hat, kann auch ihm in seiner Not beistehen. **auf dich traue ich.** Auffallend ist auch, dass der Beter sein Vertrauen auf Gott an den Anfang stellt. Andere Psalmen beginnen stattdessen mit der Klage über die Gottverlassenheit (vgl. Ps 22). Die Unterschiedlichkeit der Psalmen zeigt: So vielfältig wie Menschen und ihre Glaubenserfahrungen sein können, so vielfältig sind auch die Weisen, wie diese Erfahrungen im Gebet zu Gott gebracht werden. **deine Gerechtigkeit.** Gottes Gerechtigkeit – das ist hier vor allem seine Treue, mit der er zu seinen Verheißungen steht. Wie zuverlässig und unumstößlich diese Gerechtigkeit ist, beschreibt Ps 36,7 mit einem unüberbietbaren Bild: „Deine Gerechtigkeit steht wie die Berge Gottes." Schon in alttestamentlicher Zeit war es also für die Glaubenden eindeutig, dass sie durch Gottes Gnade und Gerechtigkeit gerettet werden, nicht durch ihre eigenen Werke.

V. 3: Neige deine Ohren zu mir. Der erste Teil der Bitte erfleht auf anschauliche Art und Weise Gottes Zuwendung. Auch der Gott, der bildlos, ohne Götterstatue verehrt werden will, bleibt in der Vorstellung seiner Nachfolger nicht ohne Gestalt: er hat Ohren, die hören, Augen, die sehen, einen Mund, der redet. Wir können als Menschen ja gar nicht anders, als dass wir uns Gott irgendwie vorstellen. Entscheidend ist jedoch, dass wir ihn mit unseren Vorstellungen und Bildern nicht festlegen, sondern unsere unvollkommenen Bilder von ihm in Frage stellen und korrigieren lassen.

V. 3-4: Sei mir ein starker Fels und eine Burg ... Denn du bist mein Fels und meine Burg ... Bitte und Bekenntnis erfolgen jeweils mit den gleichen Worten. Der Dichter bittet, dass Gott sich in seiner aktuellen Situation als das erweist, was er ihm im grundlegenden Bekenntnis seines Glaubens schon längst geworden ist. **Burg** steht hier für einen sicheren Zufluchtsort. Das gleiche Wort bezeichnet in 1 Sam 22,4-5 einen Platz, an dem David sich vor Saul in den Bergen Judas versteckte. In 2 Sam 5,7.9 wird Jerusalem ebenfalls so genannt. Wer einen solchen Ort erreicht hat, der kann auch möglichen Bedrohungen gelassen entgegensehen.
Die doppelte Nennung von Fels und Burg in V. 3-4 deutet an, dass dieses Thema für den Beter von besonderer Bedeutung ist. Eine ähnliche Aussage findet sich noch in V. 22, wo eine „feste Stadt" erwähnt wird.

V. 4: um deines Namens willen. Die Bedeutung des Namens Gottes wurde bereits in V. 2 gleich zu Beginn des Psalms deutlich. Hier bestätigt sich noch einmal, dass dieser Name für Gott auch Programm ist. Als Jahwe, der Gott Israels, ist er „barmherzig und gnädig und geduldig und von großer Gnade und Treue" (2 Mo 34,6). Und er ist der Gott Abrahams, Isaaks und Jakobs (2 Mo 3,15). So wie er die Väter Israels auf ihren Wanderungen durch alle Irr- und Abwege geleitet hat, so leitet und führt er auch weiterhin jeden Menschen auf seinem Weg.

V. 5: Du wollest mich aus dem Netze ziehen, das sie mir heimlich stellten. Die Anfeindungen, denen der Beter ausgesetzt ist, sind keineswegs harmlos. Hinterrücks und heimlich wollen ihn seine Gegner einfangen und zu Fall bringen. Nach V. 14 wollen sie ihn sogar umbringen. Wie dankbar können wir sein, wenn das nicht unseren Alltagserfahrungen entspricht. Doch zugleich dürfen wir

darüber nicht vergessen, dass weltweit viele Menschen tagtäglich mit solchen Bedrohungen leben müssen. Und auch wenn uns niemand das Leben nehmen will – mit missgünstig und irgendwie feindlich gesonnenen Menschen bekommt es jeder einmal zu tun.
Der Beter des Psalms flüchtet sich zu Gott und sucht bei ihm Schutz. Von David wissen wir, dass dieses Vertrauen auf Gott zugleich sein eigenes Handeln beflügelte. Als er zum Beispiel vor Absalom fliehen musste und sein Ratgeber Ahitofel zu Absalom überlief, flehte er zu Gott: „HERR, mache den Ratschlag Ahitofels zur Torheit!" (2. Sam 15,31). Wenige Verse später lesen wir, wie David dann seinen Freund Barsillai ebenfalls zu Absalom schickt, damit dieser wiederum Ahitofels Rat entkräften kann. Unbedingtes Vertrauen auf Gott und geschicktes eigenes Handeln greifen dabei nahtlos ineinander.

V. 6: In deine Hände befehle ich meinen Geist. Nach Lk 23,46 waren dies auch die letzten Worte Jesu am Kreuz, bevor er starb. Im Zusammenhang des Psalms bedeutet die Bitte zunächst, dass der Beter von Gott am Leben erhalten werden will. Gott, der Geber alles Lebens, soll seinen Lebensgeist bewahren. Jesus dagegen legt mit diesen Worten sterbend sein leibliches Leben in die Hand des himmlischen Vaters, der ihn auch über diesen Tod hinaus nicht verlassen wird. Damit verweist dieses Wort im Munde Jesu schon auf die Auferweckung am Ostermorgen.
Diese zweifache Anwendung der Bitte zeigt einen grundlegenden Unterschied zwischen AT und NT. Das AT kennt nur an ganz wenigen späteren Stellen eine Hoffnung, die über den Tod hinausreicht (z.B. Jes 26,19; Dan 12,2). Stattdessen wird – und das wird in vielen Psalmen besonders deutlich – Gottes Eingreifen hier und jetzt erwartet. In der Zeit zwischen den Testamenten erkannten die Glaubenden jedoch immer deutlicher, dass die Gemeinschaft mit Gott auch durch den Tod nicht aufgelöst wird. Im NT ist deshalb die Hoffnung auf die Auferstehung der Toten bereits deutlich entfaltet.

V. 7: Ich hasse, die sich halten an nichtige Götzen; ich aber vertraue auf den HERRN. Der Konflikt zwischen dem Beter und seinen Feinden zeigt sich hier auch als Auseinandersetzung um die richtige Gottesverehrung. In alttestamentlicher Zeit waren es dabei vor allem der kanaanäische Gott Baal oder später die Götter der siegreichen Assyrer, Babylonier und Perser, die auch von Israeliten angebetet wurden. Doch für den Beter ist klar: diese Götter haben keine Macht. Sie sind nichtig und wirkungslos.
Diese entschiedene Ablehnung der Götzen und ihrer Verehrer beschreibt er sehr leidenschaftlich als Hass. Daran ändert sich auch durch das neutestamentliche Gebot der Feindesliebe nichts. An Götzen und ihrer Verehrung findet auch das NT nichts Positives. Entscheidend ist allerdings die Frage, wie sich diese leidenschaftliche Ablehnung äußert. Sicher nicht im gewaltsamen Bekämpfen und Ausrotten Andersglaubender, aber in einem entschiedenen Festhalten an den eigenen Grundüberzeugungen und im klaren Bekenntnis zu dem einen Gott, der sich in Jesus Christus offenbart hat. Und liegt unser Problem in den reichen Industrieländern heute nicht eher in einem Mangel an solcher Leidenschaft als in einem zu leidenschaftlichen Hass?

V. 8.9: Ich freue mich und bin fröhlich über deine Güte, ... du stellst meine Füße auf weiten Raum. Die Verse bilden den Abschluss des ersten Teils. Die hier beschriebene Gewissheit kann auf frühere Glaubenserfahrungen des Beters zurückgehen oder darauf, dass er bereits die erflehte Hilfe von Gott erfahren hat. Oder er bekennt voller Zuversicht, was Gott an ihm tun wird. Wesentlich ist vor allem, dass Gott ihn nicht im Stich lässt und ihm neues Vertrauen schenkt. Wie genau es dazu kommt, erfahren wir nicht.
Dem einengenden Netz aus V. 5 stellt Gott den weiten Raum entgegen (vgl. Ps 18,20). Er führte Israel aus der Sklaverei in Ägypten, er gibt auch dem Einzelnen Raum zum Leben. Der „weite" Raum deutet darauf hin, dass dieser Gott ein Gott der Freiheit ist. Er gibt mehr als das, was nötig ist. Er lässt den Menschen Spiel- und Freiraum.

V. 10: HERR, sei mir gnädig, denn mir ist angst! Nach der zuversichtlichen Aussage in V. 8.9 schildert der Beter in V. 10-14 erneut sein Elend. Der weite Raum ist wieder in den Hintergrund gerückt, jetzt beherrschen Angst und Enge den Beter.

V. 10.11: Mein Auge ist trübe geworden vor Gram ... Der Beter beschreibt vor allem sein körperliches Leiden. Sorgen und Kummer machen ihm zu schaffen und lassen seine Kräfte schwinden. V. 11a („meine Jahre") deutet an, dass es sich dabei durchaus um eine längere Zeit handeln kann.
Als einen Grund für seine Kraftlosigkeit nennt er in V. 11b auch seine Missetat. Er ist vor Gott schuldig geworden. Deshalb muss er erfahren, wie sein Leben in der Ferne von Gott mehr und mehr verfällt. Doch Schuld wird in diesem Psalm nur am Rande erwähnt, eine Bitte um Vergebung fehlt gar völlig. Das weist darauf hin, dass die Not des Beters hier im Wesentlichen andere Ursachen hat. Darauf kommt er dann in den nächsten Versen auch gleich wieder zu sprechen.

V. 12-14: Allen meinen Bedrängern bin ich ein Spott geworden ... ich bin geworden wie ein zerbrochenes Gefäß. ... Sie halten Rat miteinander über mich und trachten danach, mir das Leben zu nehmen. Es sind vor allem die Anfeindungen aus seiner Umgebung, die dem Beter das Leben schwer machen. Die Bedränger engen seinen Lebensraum ein. Die Nachbarn und Bekannten fürchten, dass seine Not auch auf sie übergreifen könnte, deshalb fliehen sie sogar vor ihm. So vereinsamt er immer mehr. Ja es ist, als sei er bereits tot. Deshalb beschreibt er seinen Zustand mit dem Bild vom „zerbrochenen Gefäß", für das es keine Hoffnung mehr gibt. Im Zeitalter von Super- und Kontaktklebern kann man zwar auch aus Bruchstücken wieder etwas Brauchbares basteln. Doch in alttestamentlicher Zeit musste man Scherben wegwerfen. So nutzlos und zerstört erlebt sich auch der Beter. Es scheint, als hätten die Feinde das angestrebte Ziel bereits erreicht.

V. 15: Ich aber, HERR, hoffe auf dich und spreche: Du bist mein Gott! Mit diesem Vers ändert sich der Ton des Psalms noch einmal. Ein so zuversichtliches „Ich aber" mit dem darauf folgenden Bekenntnis hätte man von dem verzagten Beter der vorausgehenden Verse eigentlich nicht mehr erwartet. Doch trotz aller Anfeindungen wendet er sich jetzt wieder seinem Gott zu, bei dem er in Sicherheit ist.
In anderen Psalmen steht an einer ebenso entscheidenden Wende ein „du aber": vgl. Ps 3,4 oder 59,9. Die Situation des Psalmisten ändert sich also nicht aufgrund seiner Willensstärke oder seines Heldenmutes, sondern weil er sich dem Gott zuwendet, der ihn retten wird.

V. 16: Meine Zeit steht in deinen Händen. In diesem Vertrauensbekenntnis fasst der Beter alles zusammen. „Zeit" steht im Hebräischen hier im Plural. Damit werden die verschiedenen günstigen Zeitpunkte beschrieben, die für das Gelingen einer Sache notwendig sind (vgl. Pred 3,1-11). Zugleich werden in diesem Plural auch die verschiedenen Lebenszeiten des Beters zusammengefasst. Sein ganzes Leben ist in Gottes schützender und versorgender Hand – und dort ist es gut aufgehoben.

V. 17: Lass leuchten dein Antlitz über deinem Knecht. Die Bitte greift eine Zusage des aaronitischen Segens aus 4 Mo 6,25 auf. Gottes leuchtendes Angesicht steht für seine heilvolle Gegenwart, die alle feindliche Finsternis vertreibt.

V. 18: HERR, lass mich nicht zuschanden werden, denn ich rufe dich an. In V. 2 wollte der Beter durch Gottes Gerechtigkeit gerettet werden; in V. 3 sollte Gott „um seines Namens willen" für ihn da sein, und auch hier wird der Beter zum lebenden Hinweis auf Gottes Macht. Gott lässt die nicht im Stich, die ihn anrufen. Die Gottlosen dagegen soll genau dieses Schicksal treffen, sodass ihr Leben vorzeitig zu Ende geht. Dieser verständliche Wunsch nach einer irdischen Vergeltung erfüllt sich aber längst nicht immer. Das wussten auch die Beter der Psalmen schon (vgl. z.B. Ps 73). In der Bitte um Vergeltung geht es jedoch letztlich um Gottes Herrlichkeit. Im Glück des Frommen und im Vergehen des Gottlosen zeigt sich seine Herrschaft, sein Wirken in der Welt. Doch es ist zugleich auch seine Barmherzigkeit, die das Gericht zurück- und damit die Möglichkeit zur Umkehr offen hält (Hes 18,23).

V. 20: Wie groß ist deine Güte, HERR ... Mit V. 20 beginnt der letzte Abschnitt des Psalms. V. 20.21 preisen zunächst ganz allgemein Gottes Güte, also das Gute, das er den Menschen tut. V. 21 zeigt jedoch, dass dieses Lob aus der erlebten Bedrohung erwächst. Als einer, der selbst verspottet und verleumdet wurde, weiß der Beter Gottes Schutz vor „zänkischen Zungen" nun ganz besonders zu schätzen.

V. 22.23: Gelobt sei der HERR; denn er hat seine wunderbare Güte mir erwiesen ... Jetzt bekennt der Beter noch einmal ausdrücklich, dass und wie er Gottes Güte erfahren hat. In diesem Zusammenhang blickt er noch ein letztes Mal auf die Bedrängnis zurück (V. 23). Auf dem Hintergrund seiner damaligen Verzagtheit klingt jetzt das Lob umso heller.

V. 24: Liebet den HERRN, alle seine Heiligen! Auch seine Einsamkeit ist jetzt überwunden. Jetzt ist er wieder Teil der Gemeinschaft, so kann er die anderen auch aufgrund seiner Erfahrung zu einer intensiven Beziehung zu Gott auffordern.

V. 25: Seid getrost und unverzagt alle, die ihr des HERRN harret! In diesem Schlusssatz klingt noch einmal die Erfahrung des Beters mit Gott an. Er musste auf Gott und seine Hilfe warten und wäre in dieser Zeit fast verzagt. Doch dann erlebte er Gottes Trost und Zuwendung. Deshalb kann er jetzt auch andere ermutigen und sie zum Vertrauen auf Gott einladen.

Wenn die Beziehung zu Gott gestört ist

Psalm 51

Einstieg

15–20 Minuten

Wählen Sie bitte eine oder zwei Fragen aus.

1. Wie fühlten Sie sich als Kind, wenn Sie mit der Hand in der Keksdose ertappt wurden?

2. Sollte man heute noch von Sünde reden? Warum? Warum nicht?

3. Wenn Sie Ihr Leben noch einmal neu schreiben könnten, würden Sie gern etwas verändern?

Gott, sei mir Sünder gnädig

1 Ein Psalm Davids, vorzusingen,
2 als der Prophet Nathan zu ihm kam,
nachdem er zu Batseba eingegangen war.
3 Gott, sei mir gnädig nach deiner Güte,
und tilge meine Sünden nach deiner großen Barmherzigkeit.
4 Wasche mich rein von meiner Missetat,
und reinige mich von meiner Sünde;
5 denn ich erkenne meine Missetat,
und meine Sünde ist immer vor mir.
6 An dir allein habe ich gesündigt
und übel vor dir getan,
auf dass du recht behaltest in deinen Worten
und rein dastehst, wenn du richtest.
7 Siehe, in Schuld bin ich geboren,
und meine Mutter hat mich in Sünde empfangen.
8 Siehe, du liebst Wahrheit, die im Verborgenen liegt,
und im Geheimen tust du mir Weisheit kund.
9 Entsündige mich mit Ysop, dass ich rein werde;
wasche mich, dass ich weißer werde als Schnee.
10 Lass mich hören Freude und Wonne,
dass die Gebeine fröhlich werden, die du zerschlagen hast.
11 Verbirg dein Antlitz vor meinen Sünden,
und tilge alle meine Missetat.
12 Schaffe in mir, Gott, ein reines Herz,
und gib mir einen neuen, beständigen Geist.
13 Verwirf mich nicht von deinem Angesicht,
und nimm deinen heiligen Geist nicht von mir.
14 Erfreue mich wieder mit deiner Hilfe,
und mit einem willigen Geist rüste mich aus.

[15] Ich will die Übertreter deine Wege lehren,
dass sich die Sünder zu dir bekehren.
[16] Errette mich von Blutschuld,
Gott, der du mein Gott und Heiland bist,
dass meine Zunge deine Gerechtigkeit rühme.
[17] Herr, tue meine Lippen auf,
dass mein Mund deinen Ruhm verkündige.
[18] Denn Schlachtopfer willst du nicht, ich wollte sie dir sonst geben,
und Brandopfer gefallen dir nicht.
[19] Die Opfer, die Gott gefallen, sind ein geängsteter Geist,
ein geängstetes, zerschlagenes Herz wirst du, Gott, nicht verachten.
[20] Tue wohl an Zion nach deiner Gnade,
baue die Mauern zu Jerusalem.
[21] Dann werden dir gefallen rechte Opfer, Brandopfer und Ganzopfer;
dann wird man Stiere auf deinem Altar opfern.

Bibelgespräch

30–40 Minuten

1. Wie hat David sich wohl gefühlt, als er von Nathan überführt wurde?

2. Welche Veränderungen in seinem Leben erbittet David von Gott?

3. Was erwartet David für die konkrete Situation, was muss bei ihm grundsätzlich anders werden?

4. Davids Schuld schließt Ehebruch und Mord ein, Sünden, die andere Menschen schädigen. Was meint vor diesem Hintergrund die Aussage in V. 6: „An dir allein habe ich gesündigt ...“?

5. Wie kann jemand schon als Sünder geboren sein (V. 7)?

6. Wie kann Gott Gefallen haben an einem „geängsteten, zerschlagenen Herzen“ (V. 19)? Vgl. Sie dazu auch die „Neue Genfer Übersetzung“.

7. Welche Rolle spielt das Opfer bei der Bitte um Vergebung (V. 18-21)?

8. Was ist die Basis für die Wiederherstellung und Erneuerung der Beziehung zu Gott?

Austausch und Gebet

15–30 Minuten

1. Wie entfernt man in unserer Gesellschaft üblicherweise „Flecken auf der weißen Weste"?

2. Was kann Menschen helfen, trotz eigener Sündhaftigkeit auf Gottes Gnade zu vertrauen?

3. Ist das auch ein Psalm für Verkehrs- oder Umweltsünder?

4. Wie kann Gottes Geist im Leben Raum gewinnen? Was kann, was darf er bei uns bewirken (V. 12ff)?

5. Was könnte für Sie ein Anlass sein, Gott ein „Opfer zu bringen"? Wie könnte das in Ihrem Leben aussehen?

6. Was können Sie zum Ruhm Gottes erzählen (V. 17)?

Erläuterungen

Überblick zu Psalm 51: Der Psalm ist ein Buß- und Bittgebet mit zwei Hauptteilen. In V. 3-11 bittet David um Vergebung seiner Schuld. Dabei bezeichnet er seine Sünde mehrfach und mit verschiedenen Begriffen. Darin zeigt sich die Größe der Verfehlung, die aus ganz unterschiedlichen Perspektiven benannt wird.
In V. 12-19 schließt sich eine Bitte um Wiederherstellung an. Die Sünde zerstört den Menschen so sehr, dass nach der Entsündigung eine Neuschöpfung notwendig ist. Ort und Ziel der Erneuerung sind „Herz" (Lebenszentrum und Sitz der praktischen Vernunft; vgl. zu Ps 19,9) und „Geist" (Zentrum der Lebenskraft und des Willens). Am Schluss steht die Einsicht, dass nicht ein äußerliches (Tier-)Opfer, sondern ein inneres „Herzensopfer", eine innere Hingabe Gott gefällt.

V. 2: Nachdem er zu Batseba eingegangen war: Die Einleitung in V. 1.2 kennzeichnet Ps 51 als Bußgebet Davids nach seinem Ehebruch an Batseba und dem Mord an ihrem Mann Uria (vgl. 2 Sam 11-12). Damit ist klar: David hat eine schwere Schuld auf sich geladen. Daran lässt sich nichts beschönigen. Als der Prophet Nathan ihm in einem Gleichnis den Spiegel vorhält, urteilt David selbst: „Der Mann ist ein Kind des Todes, der das getan hat!" (2 Sam 12,5).

V. 3: Gott, sei mir gnädig. David versucht erst gar nicht, sich vor Gott irgendwie zu rechtfertigen. Die Schwere seiner Schuld steht ihm deutlich vor Augen. Deshalb bleibt ihm nur eins: Er bittet um Gnade. Nicht erst im Neuen Testament ist es die Gnade Gottes, die Menschen von ihrer Schuld befreit. Auch in der Zeit des Alten Testamentes bleibt David kein anderer Ausweg. Gottes Gnade und Barmherzigkeit – das ist seine einzige Rettung. **Tilge meine Sünden.** „Tilgen" steht im AT für eine endgültige Vernichtung. So wurden zum Beispiel bei der Sintflut die Menschen wieder von der Erde vertilgt (1 Mo 6,7). Oder nach 2 Mo 17,14 soll das Wüstenvolk Amalek vertilgt werden, „dass man seiner nicht mehr gedenke." Genauso endgültig kann Gott aber auch die menschliche Schuld beseitigen. Deshalb heißt es in Jes 43,25: „Ich, ich tilge deine Übertretungen um meinetwillen und gedenke deiner Sünden nicht." Auch an dieser Stelle wird deutlich: Vergebung ist Gnade.

V. 4: Wasche mich rein. Reinheit ist im Alten Testament Voraussetzung für die Teilnahme am Gottesdienst. Nur wer rein ist, kann Gott dienen und in Gemeinschaft mit ihm leben. Dabei ist jedoch von Anfang an klar, dass der Mensch sich immer wieder verunreinigen wird. Unrein wird zum Beispiel jeder, der einen Toten berührt. Deshalb gibt es genaue Anweisungen dafür, wie man wieder rein wird. Unter anderem können dazu auch Waschungen (vgl. 3 Mo 14,8) oder die Besprengung mit einem besonderen „Reinigungswasser" (vgl. 4 Mo 19) gehören. – David erbittet die Reinigung hier jedoch direkt von Gott. Denn für seine Schuld ist nur eine einzige Strafe vorgesehen: der Tod! Deshalb kann auch nur Gott selbst ihn von dieser Schuld reinigen.

V. 5: Ich erkenne meine Missetat. Wie es zu dieser Einsicht kam, wird in 2 Sam 12 eindrücklich geschildert. Ob David vorher seinen Ehebruch und den Vertuschungsmord für richtig hielt? Schließlich war er ja der König – konnte er sich da nicht nehmen, was ihm zusteht? Doch Nathan zeigt ihm im Namen Gottes auf, dass gerade ein König sich an Recht und Gesetz zu halten hat. In dieser Begebenheit zeigt sich deutlich, wie David zunächst sein ganz offensichtlich falsches Verhalten doch irgendwie vor sich rechtfertigen kann. Erfolgreich verdrängt er die Einsicht, dass er schuldig geworden ist. Doch in der Begegnung mit Nathan gibt es kein Verdrängen mehr. In dieser Situation zeigt sich Davids Größe. Er zögert nicht, sondern gesteht seine Schuld sofort ein. Es wäre für ihn, den König, ein Leichtes gewesen, Nathan durch seine Leibwache zum Schweigen bringen zu lassen. Doch das kommt für ihn hier nicht mehr in Frage. Stattdessen steht er zu seiner Schuld und gesteht sie auch im Gebet vor Gott ein.

V. 6: An dir allein habe ich gesündigt. Angesichts des ermordeten Uria kann diese Formulierung zunächst irritieren. Doch im Gebet unterstreicht David, dass die Schuld vor Gott schwerer wiegt als alles andere. Alle Beziehungen, in denen ein Mensch zu anderen Menschen oder auch zur Schöpfung steht, sind letztlich nur Erscheinungsformen seines Verhältnisses zu Gott. Das Alte Testament bezeichnet Sünde deshalb auch zusammenfassend als das, „was Gott nicht gefällt", wörtl.: „was böse ist in seinen Augen" (Jes 66,4).

V. 7: In Schuld bin ich geboren. Die Sünde reicht bis an den Anfang des Lebens zurück. Das wird durch den Hinweis auf die Empfängnis im zweiten Versteil noch unterstrichen. Es gibt demnach keine Zeit und keinen Bereich in unserem Leben, der frei von Sünde wäre. Zugleich zeigt sich in dieser Aussage auch das umfassende Sündenverständnis des Beters. Sünde ist nicht nur die falsche Tat, sondern auch das Getrenntsein von Gott, das seit dem Sündenfall bereits über dem Anfang jedes Lebens steht.
Geburt und Empfängnis werden durch diese Aussage aber nicht an sich als sündig bezeichnet. Ganz im Gegenteil: Auch die Sexualität ist eine gute Gabe Gottes. Das unterstreicht das Hohelied unmissverständlich. Der Mensch ist jedoch von Anfang an auf Gott und seine Gnade angewiesen.

V. 9: Entsündige mich mit Ysop. Gemeint ist hier der syrische Ysop, ein vielstängeliger Busch, der bis zu siebzig Zentimeter hoch werden kann. Er wurde bei Reinigungsritualen zur Besprengung mit Wasser verwendet (siehe 3 Mo 14,4; 4 Mo 19,6.18).

V. 10: Dass die Gebeine fröhlich werden, die du zerschlagen hast. Die „Gebeine", also das Knochengerüst, stehen hier stellvertretend für den ganzen Menschen. Infolge seiner Schuld ist der Beter niedergeschlagen. Weil Schuld das ganze Leben betrifft, kann sie auch körperliche Folgen haben (vgl. Ps 32,3.4). Die vielfältigen Wechselwirkungen zwischen Seele (griech.: *psyche*) und Leib (griech.: *soma*) hat selbst die moderne psycho-somatische Forschung noch nicht erschöpfend ergründet. Doch dass es diese Zusammenhänge gibt, ist bereits für das biblische Menschenbild selbstverständlich.

V. 11: Verbirg dein Antlitz vor meinen Sünden. Dieser Vers schließt den ersten Hauptteil ab, das Bußgebet. Gottes Angesicht steht für seine Gegenwart (vgl. Ps 13,2). David weiß hier jedoch nur zu gut, dass angesichts seiner Schuld Gott ihm als Richter begegnen wird und er deshalb vor ihm nicht bestehen kann. Vor Gottes Angesicht müsste er vergehen. Darum die Bitte: Wende dich ab von meiner Sünde. Soll Gott nun beide Augen zudrücken und so tun, als sei nichts geschehen? Nein, darum kann es nicht gehen. Doch der Vers ist ja noch nicht zu Ende: **und tilge alle meine Missetat.** Damit wird die Aussage des ersten Teiles weitergeführt. Das eigentliche Ziel ist die Tilgung der Schuld, nicht eine Vertuschung. Sie ist jedoch nur dann möglich, wenn Gott uns gnädig ist.

V. 12: Schaffe in mir, Gott, ein reines Herz. Im zweiten Hauptteil des Psalms geht es um die Wiederherstellung, die auf die Reinigung von der Sünde folgt. Sie zielt zunächst auf das „reine Herz". Das Herz ist für den alttestamentlichen Menschen das Zentrum der Person. Als Weg zu diesem „reinen Herz" bittet David um eine Neuschöpfung durch Gott. Das hier verwendete Wort für „schaffen" ist im AT ein Fachbegriff, der Gott allein vorbehalten bleibt. So wie er am Anfang die Welt *geschaffen* hat, so soll er nun in seiner göttlichen Vollmacht David das reine Herz *schaffen*. Damit wird noch einmal eindrücklich bestätigt, dass der Mensch von sich aus die Trennung von Gott nicht überwinden kann. So lange er noch das sündige Herz hat, wird er ihn immer wieder enttäuschen. Erst eine göttliche Neuschöpfung kann ihn verändern (vgl. auch Hes 36,26). – In Jesus Christus ist diese Neuschöpfung Wirklichkeit geworden. Deshalb kann Paulus in 2 Kor 5,17 schreiben: „Ist jemand in Christus, so ist er eine neue Schöpfung; das Alte ist vergangen, siehe, Neues ist geworden." Zwar ist auch bei Christen diese Neuschöpfung noch nicht vollendet; aber sie hat begonnen und steht unter der Verheißung, dass sie auch zu ihrem Ziel kommen wird (Phil 1,6). **Und gib mir einen neuen, beständigen Geist.** Der menschliche Geist als Lebensodem wird im AT immer ganz eng mit Gott in Verbindung gebracht. Er selbst haucht dem Menschen den Odem ein und lässt ihn so lebendig werden (1 Mo 2,7). „Beständig" beschreibt hier die Wirkung, die der Geist auf den Menschen haben soll: Statt immer zwischen Gehorsam und Verweigerung hin und her zu schwanken, will er nun beständig bei Gott bleiben.

V. 13: Nimm deinen heiligen Geist nicht von mir. Die Bezeichnung „heiliger Geist" wird im Alten Testament sonst nur noch in Jes 63,10.11 verwendet. Es ist hier der gleiche Geist Gottes, der auch im Vers vorher schon genannt wird. Heiliger Geist (wörtl.: *Geist deiner Heiligkeit*) heißt er hier deshalb, weil er das Leben Davids heiligen soll. Dieser Geist stärkt die Beziehung zu Gott und verändert die Lebensführung. Im NT wird dieser Name dann durchgängig zur Bezeichnung des Geistes Gottes.

V. 15: Ich will die Übertreter deine Wege lehren. Mit diesem Vers wendet David sich nun seinen Mitmenschen zu. Das, was er von Gott empfangen hat, was er in der Begegnung mit ihm erfahren hat, gibt er an andere weiter. Sein Glaube und seine Beziehung zu Gott verändern auch die zwischenmenschlichen Beziehungen. Die, die sich Gottes Wort und Weisung noch verweigern, will er deshalb zur Einsicht bringen.

V. 17: Herr, tue meine Lippen auf, dass mein Mund deinen Ruhm verkündige. Auch der Lobpreis Gottes geschieht vor anderen Menschen. Im Unterschied zur Belehrung der Übertreter und Sünder kann man eher an eine gottesdienstliche Zusammenkunft denken – im kleineren oder größeren Kreis. Entscheidend ist, dass die Botschaft von Gottes rettendem, heilenden Handeln weitergesagt wird. Denn dann können auch andere sich daran freuen und Gottes Geist kann auch an ihnen wirken.

V. 18: Denn Schlachtopfer willst du nicht. Tieropfer gehören im Alten Testament zum Gottesdienst dazu. Welche Opfer bei welchem Anlass dargebracht werden, wird zum Beispiel in 3 Mo 1-7 ausführlich beschrieben. Die von Gott gewollte Bedeutung der Opfer ist Sühne von Schuld (Sühn- oder Sündopfer), dann aber auch Dank für erfahrene Rettung (Dankopfer). Die gemeinsame Feier des Opfermahles ist außerdem ein Zeichen der Gemeinschaft vor Gott. Allerdings können die Opfer auch zu bloß äußerlichen Pflichtübungen verkommen. Dann verfehlen sie das, wozu Gott sie eingesetzt hat. Und dann kann man auch mit Recht sagen: **Sie gefallen dir nicht.** Was er stattdessen von den Menschen erwartet, sagt der nächste Vers.

V. 19: Die Opfer, die Gott gefallen, sind ein geängsteter Geist. Hier werden Menschen beschrieben, die nichts mehr von sich selbst, sondern alles von Gott erwarten. Und Gott nimmt den, der mit seiner Schuld und mit den Scherben seines Lebens zu ihm kommt, an und heilt und erneuert sein Leben. Darin erweist sich seine Gnade, seine Barmherzigkeit: Er überlässt den Menschen, der seine Schuld bereut, nicht der Gottferne und Gewissensnot, sondern löscht die Sünde aus und erneuert die Beziehung zu ihm.

Martin Luther zu Psalm 51:

Zu V. 3:
„Denn der eigentliche Gegenstand der Theologie ist der der Sünde schuldige Mensch und der rechtfertigende Gott und Heiland dieses Sünders. Was außer diesem Gegenstand in der Theologie gesucht und verhandelt wird, ist Irrtum und Gift."[3]

zu V. 7:
„Siehe, so wahr ist's, dass ich vor dir ein Sünder bin, dass schon meine Natur, mein Anfang, meine Empfängnis Sünde ist, geschweige erst die Worte, Werke, Gedanken und das nachfolgende Leben. Ich bin ein böser Baum und von Natur ein Kind des Zorns und der Sünde. Darum sind wir, solange diese Natur und dies Wesen an und in uns bleibt, Sünder und müssen sagen: vergib uns unsre Schuld, bis dass der Leib stirbt und untergeht. Denn Adam muss sterben und verwesen, ehe denn Christus aufersteht. Damit fängt das bußfertige Leben an und wird vollendet durch das Sterben. Darum ist der Tod ein heilsames Ding allen denen, die an Christus glauben. Denn er tut nichts andres, als dass er zu Pulver und Verwesung macht alles, was aus Adam geboren ist, auf dass Christus allein in uns sei."[4]

Zu V. 17:
„Und das ist das Größte, was wir Gott tun können und was er auch am meisten begehrt, dass man ihm das Lob und die Ehre und alles Gute gebe, das irgend ist."[5]

7 Gottes Zeit – der Menschen Zeit

Psalm 90

Einstieg

15–20 Minuten

Wählen Sie bitte eine oder zwei Fragen aus.

1. Was ist für Sie ein eindrückliches Bild für Vergänglichkeit?

2. Was ist Ihre früheste Erinnerung? Warum, glauben Sie, erinnern Sie sich gerade an diese Begebenheit?

3. Was ist für Sie das Hauptmerkmal eines weisen Menschen?

4. Was löst der Gedanke an Ihren eigenen Tod in Ihnen aus?

Zuflucht in unserer Vergänglichkeit

**1 Ein Gebet des Mose, des Mannes Gottes.
Herr, du bist unsre Zuflucht für und für.
2 Ehe denn die Berge wurden
und die Erde und die Welt geschaffen wurden,
bist du, Gott, von Ewigkeit zu Ewigkeit.
3 Der du die Menschen lässest sterben
und sprichst: Kommt wieder, Menschenkinder!
4 Denn tausend Jahre sind vor dir wie der Tag,
der gestern vergangen ist,
und wie eine Nachtwache.
5 Du lässest sie dahinfahren wie einen Strom, sie sind wie ein Schlaf,
wie ein Gras, das am Morgen noch sprosst,
6 das am Morgen blüht und sprosst
und des Abends welkt und verdorrt.
7 Das macht dein Zorn, dass wir so vergehen,
und dein Grimm, dass wir so plötzlich dahin müssen.
8 Denn unsre Missetaten stellst du vor dich,
unsre unerkannte Sünde ins Licht vor deinem Angesicht.
9 Darum fahren alle unsre Tage dahin durch deinen Zorn,
wir bringen unsre Jahre zu wie ein Geschwätz.
10 Unser Leben währet siebzig Jahre,
und wenn's hoch kommt, so sind's achtzig Jahre,
und was daran köstlich scheint,
ist doch nur vergebliche Mühe;
denn es fähret schnell dahin, als flögen wir davon.
11 Wer glaubt's aber, dass du so sehr zürnest,
und wer fürchtet sich vor dir in deinem Grimm?**

[12] Lehre uns bedenken, dass wir sterben müssen,
auf dass wir klug werden.
[13] HERR, kehre dich doch endlich wieder zu uns
und sei deinen Knechten gnädig!
[14] Fülle uns frühe mit deiner Gnade,
so wollen wir rühmen und fröhlich sein unser Leben lang.
[15] Erfreue uns nun wieder, nachdem du uns so lange plagest,
nachdem wir so lange Unglück leiden.
[16] Zeige deinen Knechten deine Werke
und deine Herrlichkeit ihren Kindern.
[17] Und der Herr, unser Gott, sei uns freundlich
und fördere das Werk unsrer Hände bei uns.
Ja, das Werk unsrer Hände wollest du fördern!

Bibelgespräch

30–40 Minuten

1. Was sagt der Psalm über Gott und den Unterschied zwischen ihm und den Menschen?

2. Was kennzeichnet die Vergänglichkeit menschlichen Lebens?

3. Worin sieht der Psalmbeter den Grund für die Kürze des Lebens?

4. „Lehre uns zählen unsere Tage" lautet V. 12 wörtlich. Wie kann das aussehen? Warum kann es erstrebenswert sein, sich die Endlichkeit des eigenen Lebens immer wieder vor Augen zu stellen?

5. Wie findet der Beter des Psalms erfülltes Leben?

6. Was wird in V. 13-17 von Gott erbeten? Woran wird erkennbar, dass diese Bitten erfüllt werden?

Austausch und Gebet

15–30 Minuten

1. Wie wirkt dieser Psalm auf Sie: Pessimistisch? Realistisch? Ermutigend? Warum wirkt er so?

2. Wohin gehen Sie, wenn Sie zur Ruhe kommen wollen oder Geborgenheit suchen?

3. Wie kann Gottes Ewigkeit in unsere Zeit hineinkommen?

4. Welche der Bitten am Ende des Psalms spricht Sie am meisten an?

Erläuterungen

Überblick zu Psalm 90: Der Psalm beschäftigt sich mit dem Thema „Zeit und Ewigkeit" und beleuchtet es aus ganz unterschiedlichen Blickwinkeln. Er beginnt bei Gottes Ewigkeit, spricht dann von der Vergänglichkeit des Menschen und schließt mit einigen Bitten, die Gott zum Eingreifen in unsere Vergänglichkeit bewegen wollen. Gottes Zeit ist die Ewigkeit, der Menschen Zeit dagegen die schnell dahinströmende Vergänglichkeit. So kommt alles darauf an, dass Gott in unsere Menschenzeit eingreift. Nur er kann bewirken, dass uns das Leben nicht zwischen den Händen zerrinnt und dass es trotz aller Vergänglichkeit an sein ewiges Ziel kommt.

V. 1: Herr, du bist unsre Zuflucht für und für. Das hebräische Wort, das Luther mit „Zuflucht" übersetzt, kann man auch mit „Wohnung" wiedergeben. „Zuflucht" und „Wohnung" bezeichnen Orte der Geborgenheit, des Zur-Ruhe-Kommens und der Sicherheit. „Wohnung" unterstreicht dabei noch stärker das Beständige und Dauerhafte dieser Geborgenheit: Nicht nur in Zeiten der höchsten Not, auch im Alltäglichen können Menschen zu Gott kommen und Ruhe finden. Zu Gott kommen heißt, nach Hause kommen.
Ganz programmatisch beginnt der Psalm mit einem Bekenntnis zu diesem Gott. Damit hält er gleich zu Anfang fest, dass auch alle Fragen, die in den folgenden Versen erörtert werden, in der Beziehung zu Gott zur Ruhe kommen.

V. 2: Ehe denn die Berge wurden und die Erde und die Welt geschaffen wurden ... Das Alte Testament beginnt in 1 Mo 1 mit der Erschaffung der Welt. Der Psalm blickt noch hinter diesen Anfang zurück. Gott war schon vor aller Zeit, bevor die Erde gegründet wurde. Die Entstehung der Berge markiert hier den Anfang der Schöpfung. Sie werden auch an anderen Stellen des AT unter den ersten Schöpfungswerken genannt (5. Mo 33,15).

... bist du, Gott, von Ewigkeit zu Ewigkeit. Gott war vor der Schöpfung da und wird auch nach ihr noch sein. Gottes Zeit können wir letztlich nicht verstehen, wir können nur erahnen, dass sie weit über unser Erkennen hinausgeht. Und doch zeigt dieser ewige Gott sich dem Menschen, er offenbart seinen Namen und lässt sich persönlich ansprechen. Auch als der Ewige ist er Person und hat den Menschen zu seinem Gegenüber erschaffen und gewollt.

V. 3: Der du die Menschen lässest sterben und sprichst: Kommt wieder, Menschenkinder! Gottes Ewigkeit zeigt sich hier im krassen Gegensatz zur Sterblichkeit der Menschen. Der ewige Gott lässt Menschen sterben und ruft neue Generationen der Menschen ins Leben. Im Sterben und Geborenwerden ist alles Menschsein von ihm umfasst und in ihm geborgen. Obwohl der Psalm also einerseits den Schmerz über die Vergänglichkeit des Lebens deutlich ausspricht, klingt doch immer auch das Vertrauen auf Gott an. Denn im Werden und Vergehen zeigt sich seine Schöpfermacht. In alttestamentlicher Perspektive geht es hier noch nicht um die Hoffnung auf eine persönliche Auferstehung. Diese Verheißung Gottes wird uns dann aber im NT zugesprochen (vgl. Joh 11,25).

V. 4: Denn tausend Jahre sind vor dir wie der Tag, der gestern vergangen ist, und wie eine Nachtwache. Nach Ri 7,19 war in atl. Zeit die Nacht in drei Wachen aufgeteilt. Eine Nachtwache umfasste demnach etwa vier Stunden. – Menschliches Leben ist eingebunden in den Rhythmus von Tag und Nacht, von Wochen, Monaten und Jahren. Das sind die Zeiteinheiten, die uns vertraut sind, die wir nachvollziehen und uns vorstellen können. Doch alle unsere Erfahrungen verblassen vor Gottes Zeit: Tausend Jahre sind nach menschlichem Ermessen fast eine Ewigkeit. Wie weit ist schon die Zeit vor einhundert Jahren von uns weg – wie viel mehr dann eintausend Jahre! Für Gott dagegen gelten ganz andere Maßstäbe. Das, was uns unvorstellbar groß erscheint, ist für ihn nicht mehr als ein ganz gewöhnlicher Tag oder eine vierstündige Nachtwache. „Tausend Jahre, die einen Menschen, der sie durchleben sollte, lebenssatt machen würden, sind für ihn gleich einem verschwindenden Punkte" (Franz Delitzsch). – Der doppelte Vergleich – Tag oder Nachtwache – lässt erkennen, dass es hier nicht um einen „Umrechnungsfaktor" geht, sodass Gott in seinem Zeitplan für uns durchschaubar oder gar berechenbar würde. Stattdessen steht der Beter staunend vor Gott und seiner Größe, die er nur tastend erahnen kann.

V. 5: Du lässest sie dahinfahren wie einen Strom, sie sind wie ein Schlaf ... Die Bilder in V. 5.6 illustrieren die Vergänglichkeit menschlichen Lebens. **Strom** meint hier einen Sturzbach, der durch einen Wolkenbruch verursacht wurde. So plötzlich wie er kam, ist er auch schon wieder vorbei. Das Bild steht für Gottes Allmacht, die die Menschen hinwegreißt und der keiner widerstehen kann. **Schlaf** erinnert zunächst noch einmal an die Nachtwache aus V. 4. Doch im Zusammenhang der Vergänglichkeit menschlichen Lebens ist hier in erster Linie der Todesschlaf gemeint (vgl. Ps 76,6-7; Jer 51,39). Wörtl. kann man deshalb auch übersetzen: **Sie werden wie ein Schlaf.** Der Mensch, der vor Gottes Allmacht nicht bestehen kann, geht geradewegs auf den Tod zu.

V. 5.6: ... wie ein Gras, das am Morgen noch sprosst, das am Morgen blüht und sprosst und des Abends welkt und verdorrt. Gras steht mehrfach im AT als Bild für die Vergänglichkeit des Lebens. So heißt es etwa in Jes 40,6.7: „Alles Fleisch ist Gras, und alle seine Güte ist wie eine Blume auf dem Felde. Das Gras verdorrt, die Blume verwelkt ..." Oder in Ps 103,15.16: „Ein Mensch ist in seinem Leben wie Gras, er blüht wie eine Blume auf dem Felde; wenn der Wind darüber geht, so ist sie nimmer da, und ihre Stätte kennet sie nicht mehr." In den heißen Ländern des Orients, vielleicht dazu noch am Rande der Wüste, verdorren Pflanzen viel schneller als im wasserreichen Mitteleuropa. **des Abends welkt und verdorrt** könnte man auch übersetzen: „Das am Abend abgeschnitten/gemäht wird und verdorrt." Damit würde der Hinweis auf die unausweichliche Vergänglichkeit noch deutlicher werden: abgeschnittenes Gras kann nur verdorren.

V. 7: Das macht dein Zorn, dass wir so vergehen, und dein Grimm, dass wir so plötzlich dahin müssen. In V. 7-9 geht der Psalm auf die Ursachen der menschlichen Vergänglichkeit ein und konzentriert sich dabei wiederum auf das Tun Gottes. In seinem Zorn lässt Gott das Leben vergehen. Dass dieser Zorn nicht ohne Grund entbrennt, zeigt V. 8. Dort werden die Missetaten und die Sünde der Menschen ausdrücklich genannt. Es ist also die Schuld der Menschen, die sie von Gott trennt und damit auch der Vergänglichkeit unterwirft. Davon berichtet die Bibel bereits auf ihren ersten Seiten (1 Mo 3). Weil die Menschen Gottes Gebot übertraten, wurden sie aus seinem Garten und vom Baum des Lebens vertrieben. Doch nicht nur Adam und Eva wurden schuldig; die Trennung von Gott ist nun jedem Menschen vorgegeben, der in diese Welt geboren wird – eben außerhalb des Paradieses. Alle Menschen sind schuldig vor Gott, von ihm getrennt. Alle haben Gottes Zorn verdient. Und es ist allein seine Gnade, dass uns diese Lebenszeit gewährt wird.
In seinem Lied „Der du die Zeit in Händen hast" hat Jochen Klepper diesen Gedanken einmal so formuliert:

> „Wir fahren hin durch deinen Zorn
> und doch strömt deiner Gnade Born
> in unsere leeren Hände."

„Gnade" reimt sich nicht auf „Zorn" – und doch bringt nicht nur der Dichter, sondern vor allem Gott beides zusammen. Im NT zeigt sich das in unüberbietbarer Weise in Tod und Auferstehung Jesu Christi. In ihm nimmt Gott selbst die Strafe auf sich und gewährt uns Zugang zu seiner Gnade. – Der Psalm deutet die menschliche Wirklichkeit hier im Licht der göttlichen Offenbarung. Deshalb ist für ihn auch die Vergänglichkeit des Lebens nicht zuerst ein biologisch-natürliches Phänomen, sondern Gottes Wirken, das den Menschen zur Umkehr und Einsicht ruft.

V. 9: ... wir bringen unsre Jahre zu wie ein Geschwätz. Statt „Geschwätz" sollte hier besser mit „Seufzer" übersetzt werden. Die Jahre verklingen wie ein Laut, der kaum hervorgebracht wird. Oder der Seufzer kann als „letzter Seufzer" noch einmal an das unvermeidliche Sterben der Menschen erinnern.

Wir. Ab V. 7 spricht der Psalm nicht mehr allgemein von „den Menschen", sondern die betende Gemeinde bezieht sich selbst in dieses Schicksal mit ein: „wir vergehen"; „wir so plötzlich dahin müssen"; „unsre Missetaten ... Sünde ... Tage." Nein, es trifft nicht nur die anderen, die sich vielleicht um Gott gar nicht kümmern – alle Menschen verbindet das Schicksal der Vergänglichkeit.

V. 10: Unser Leben währet siebzig Jahre, und wenn's hoch kommt, so sind's achtzig Jahre. Dieser Vers gehört sicher zu den bekanntesten Stellen des AT. In atl. Zeit beschreibt diese Lebensspanne eher ein Maximum, nicht die durchschnittliche Lebenserwartung. Heute ist ein solches Lebensalter für viele schon selbstverständlich geworden. Und doch hat die atl. Deutung dieser Zeitspanne nichts von ihrer Aktualität verloren: **... es fähret schnell dahin, als flögen wir davon.** Diese Erfahrung hat sich, so scheint es, in den letzten Jahrhunderten eher noch verschärft. Denn der Mensch des Mittelalters hatte zwar weniger an Lebenszeit als der Mensch des 21. Jahrhunderts – doch danach erwartete er Gottes Ewigkeit. Heute dagegen wollen viele alle Möglichkeiten und Erlebnisse in dieses irdische Leben pressen – und merken umso deutlicher, wie es ihnen zwischen den Händen zerrinnt.

V. 10: ... was daran köstlich scheint, ist doch nur vergebliche Mühe ... Mühe und Arbeit gehören nach atl. Verständnis zum Leben. Bereits im Paradies wurden die Menschen beauftragt, den Garten zu bebauen und zu bewahren (1 Mo 2,15). Und auch auf der von Gott erwarteten neuen Erde werden die Menschen ihre Äcker bepflanzen und Weinberge anbauen (Jes 65,21). Doch dann werden sie sich nicht mehr vergeblich mühen (Jes 65,23), sondern sie werden den Erfolg ihrer Arbeit genießen können. Denn das ist es, was durch die Sünde verdorben wurde: dass Arbeit nicht mehr ihren wohlverdienten Ertrag bringt. So steht auch im Psalm hier die vergebliche Mühe im Vordergrund, die trotz vieler Arbeit und großer Mühe statt Korn und Brot doch (fast) nur Dornen und Disteln erntet.

V 11: Wer glaubt's aber, dass du so sehr zürnest, und wer fürchtet sich vor dir in deinem Grimm? Angesichts des bisher Gesagten ist offensichtlich, dass die tagtäglich erlebte Vergänglich- und Vergeblichkeit durch die Gottferne der Menschen verursacht ist. Und eigentlich könnte man doch erwarten, dass angesichts dieser Tatsachen die Menschen sich Gott bereitwillig und freudig zuwenden. Doch diesen Weg gingen wohl schon zur Zeit des Psalmisten nur wenige und bis heute verweigern sich viele dieser Einsicht. Anstatt die Erkenntnis der Vergänglichkeit als Mahnung zur Umkehr anzunehmen, verdrängen und vertuschen sie lieber alle Anzeichen des Älterwerdens und klammern Gott aus ihrem Leben aus. Martin Luther schreibt in einer Auslegung zu diesem

Vers: „In der Philosophie gilt der Mensch als ein vernünftiges Wesen. In der Theologie aber kann man ihn nur als eine Salzsäule definieren wie Lots Weib; denn er hört nichts und sieht nichts und hat keinen Verstand, er ist schlimmer als ein Leichnam."[6]

V. 12: Lehre uns bedenken, dass wir sterben müssen. Die Beter des Psalms widersetzen sich dem Verdrängen und Vertuschen und wollen sich gar von Gott noch tiefer in die Einsicht ihrer Vergänglichkeit einführen lassen. Wörtl. heißt der erste Teil des Verses: „Lehre uns zählen unsere Tage." Doch Luthers Übersetzung trifft hier genau den Sinn der Bitte. Denn es geht um ein inneres Verstehen der endlichen Lebenszeit, nicht um ihr rechnerisch genaues Erfassen. **auf dass wir klug werden.** Die Klugheit oder Weisheit, die aus diesem Verstehen gewonnen wird, zeigt sich in der Ehrfurcht vor Gott. Denn: „Die Furcht des Herrn ist der Weisheit Anfang" (Ps 111,10). – Die Endlichkeit des eigenen Lebens zu bedenken bedeutet allerdings nicht, den Tod zu verharmlosen. Auch für Christen bleibt der Tod der letzte Feind, dem nur im Vertrauen auf Jesus Christus begegnet werden kann.

V. 13: HERR, kehre dich doch endlich wieder zu uns und sei deinen Knechten gnädig! Mit V. 12 hatte bereits die Reihe der Bitten begonnen, die den Psalm abschließen. Doch dort ging es noch allgemein um die Vergänglichkeit und die grundsätzliche Einsicht in die Endlichkeit des eigenen Lebens. In V. 13-15 lassen die Beter nun jedoch auch erkennen, dass sie schon seit längerer Zeit in einer ganz konkreten Bedrängnis sind und deshalb auf Gottes erneute Zuwendung warten. Sie sehnen sich danach, auch in ihrer Vergänglichkeit Gottes Beständigkeit zu erfahren.

V. 14: Fülle uns frühe mit deiner Gnade. Wo Menschen ihre Bedürftigkeit erkennen und sich für Gott öffnen, kann seine Gnade ihre leeren Hände füllen. Und so wie seine Gnade jeden Tag neu ist (Klgl 3,22.23), so soll sie jeden Tag von Anfang an erfüllen. **so wollen wir rühmen und fröhlich sein unser Leben lang.** Die angemessene Antwort auf die Erfahrung der Gnade Gottes ist das Gotteslob, das aus der Freude über sein Handeln erwächst.

V. 17: Und der Herr, unser Gott, sei uns freundlich und fördere das Werk unsrer Hände bei uns. Ja, das Werk unsrer Hände wollest du fördern! Dieser Vers beschreibt zusammenfassend noch einmal, was die betende Gemeinde von Gott erwartet. Sie sind darauf angewiesen, dass Gott sich ihnen gnädig und freundlich zuwendet. Ihr Heil können sie nicht selbst erarbeiten, sondern nur von Gott empfangen. Doch als die Empfangenden sind sie dann auch von Gott Bevollmächtigte, die mit ihren Händen an der Gestaltung der Schöpfung mitwirken können. Deshalb erbitten sie auch für ihr Werk, ihre Arbeit, seinen Segen. So kommt Gottes Ewigkeit in menschliche Vergänglichkeit. Und deshalb gilt auch am Ende des Gebetes das Bekenntnis aus V. 1: „Herr, du bist unsre Zuflucht für und für."

Der du die Zeit in Händen hast,
Herr, nimm auch dieses Jahres Last
und wandle sie in Segen.
Nun von dir selbst in Jesu Christ
die Mitte fest gewiesen ist,
führ uns dem Ziel entgegen.

Da alles, was der Mensch beginnt,
vor seinen Augen noch zerrinnt,
sei du selbst der Vollender.
Die Jahre, die du uns geschenkt,
wenn deine Güte uns nicht lenkt,
veralten wie Gewänder.

Wer ist hier, der vor dir besteht?
Der Mensch, sein Tag, sein Werk vergeht:
nur du allein wirst bleiben.
Nur Gottes Jahr währt für und für,
drum kehre jeden Tag zu dir,
weil wir im Winde treiben.

Der Mensch ahnt nichts von seiner Frist.
Du aber bleibest, der du bist,
in Jahren ohne Ende.
Wir fahren hin durch deinen Zorn,
und doch strömt deiner Gnade Born
in unsere leeren Hände.

Und diese Gaben, Herr, allein
lass Wert und Maß der Tage sein,
die wir in Schuld verbringen.
Nach ihnen sei die Zeit gezählt;
was wir versäumt, was wir verfehlt,
darf nicht mehr vor dich dringen.

Der du allein der Ewige heißt
und Anfang, Ziel und Mitte weißt
im Fluge unserer Zeiten:
bleib du uns gnädig zugewandt
und führe uns an deiner Hand,
damit wir sicher schreiten![7]

Jochen Klepper

Wunderbare Schöpfung – wunderbarer Schöpfer

Psalm 104

Einstieg

15–20 Minuten

Wählen Sie bitte eine oder zwei Fragen aus.

1. Worüber können Sie ins Schwärmen geraten?

2. Erinnern Sie sich an ein eindrückliches Naturerlebnis? Was hat es in Ihnen ausgelöst?

3. Woran denken Sie beim Stichwort „Wasser" zuerst?

4. Hat Ihnen die Gewalt des Wassers schon einmal Angst eingejagt? Bei welcher Gelegenheit?

Lob des Schöpfers

1 Lobe den HERRN, meine Seele!
HERR, mein Gott, du bist sehr groß;
in Hoheit und Pracht bist du gekleidet.
2 Licht ist dein Kleid, das du anhast.
Du breitest den Himmel aus wie ein Zelt;
3 du baust deine Gemächer über den Wassern.
Du fährst auf den Wolken wie auf einem Wagen
und kommst daher auf den Fittichen des Windes,
4 der du machst Winde zu deinen Boten
und Feuerflammen zu deinen Dienern;
5 der du das Erdreich gegründet hast auf festen Boden,
dass es nicht wankt immer und ewiglich.
6 Die Flut der Tiefe deckte es wie ein Kleid,
und die Wasser standen über den Bergen.
7 Aber vor deinem Schelten flohen sie,
vor deinem Donner fuhren sie dahin.
8 Sie stiegen hoch empor auf die Berge
und sanken herunter in die Täler zum Ort,
den du ihnen gegründet hast.
9 Du hast eine Grenze gesetzt, darüber kommen sie nicht
und dürfen nicht wieder das Erdreich bedecken.
10 Du lässest Brunnen quellen in den Tälern,
dass sie zwischen den Bergen dahinfließen,
11 dass alle Tiere des Feldes trinken
und die Wildesel ihren Durst löschen.
12 Darüber sitzen die Vögel des Himmels
und singen in den Zweigen.
13 Du tränkst die Berge von oben her,

du machst das Land voll Früchte, die du schaffest.
14 Du lässest Gras wachsen für das Vieh
und Saat zu Nutz den Menschen,
dass du Brot aus der Erde hervorbringst,
15 dass der Wein erfreue des Menschen Herz
und sein Antlitz glänze vom Öl
und das Brot des Menschen Herz stärke.
16 Die Bäume des HERRN stehen voll Saft,
die Zedern des Libanon, die er gepflanzt hat.
17 Dort nisten die Vögel,
und die Störche wohnen in den Wipfeln.
18 Die hohen Berge geben dem Steinbock Zuflucht
und die Felsklüfte dem Klippdachs.
19 Du hast den Mond gemacht, das Jahr danach zu teilen;
die Sonne weiß ihren Niedergang.
20 Du machst Finsternis, dass es Nacht wird;
da regen sich alle Tiere des Waldes,
21 die jungen Löwen, die da brüllen nach Raub
und ihre Speise fordern von Gott.
22 Wenn aber die Sonne aufgeht, heben sie sich davon
und legen sich in ihre Höhlen.
23 Dann geht der Mensch hinaus an seine Arbeit
und an sein Werk bis an den Abend.
24 HERR, wie sind deine Werke so groß und viel!
Du hast sie alle weise geordnet, und die Erde ist voll deiner Güter.
25 Da ist das Meer, das so groß und weit ist,
da wimmelt's ohne Zahl, große und kleine Tiere.
26 Dort ziehen Schiffe dahin;
da ist der Leviatan, den du gemacht hast, damit zu spielen.
27 Es wartet alles auf dich, dass du ihnen Speise gebest zu seiner Zeit.
28 Wenn du ihnen gibst, so sammeln sie;
wenn du deine Hand auftust, so werden sie mit Gutem gesättigt.
29 Verbirgst du dein Angesicht, so erschrecken sie; nimmst du weg
ihren Odem, so vergehen sie und werden wieder Staub.
30 Du sendest aus deinen Odem, so werden sie geschaffen,
und du machst neu das Antlitz der Erde.
31 Die Herrlichkeit des HERRN bleibe ewiglich,
der HERR freue sich seiner Werke!
32 Er schaut die Erde an, so bebt sie;
er rührt die Berge an, so rauchen sie.
33 Ich will dem HERRN singen mein Leben lang
und meinen Gott loben, solange ich bin.
34 Mein Reden möge ihm wohlgefallen.
Ich freue mich des HERRN.
35 Die Sünder sollen ein Ende nehmen auf Erden
und die Gottlosen nicht mehr sein.
Lobe den HERRN, meine Seele! Halleluja!

Bibelgespräch

30–40 Minuten

1. Wie verhält sich die Schilderung des Psalms zum Schöpfungsbericht in 1 Mo 1? Welche Parallelen und Unterschiede entdecken Sie?

2. Wo erkennt der Dichter in der Schöpfung Gottes Herrlichkeit? Welche konkreten Beispiele zählt er auf?

3. Welche Aussagen des Psalms können Sie unterstreichen, welche erscheinen Ihnen unverständlich oder problematisch?

4. An welchen Stellen des Psalms wird „Wasser" erwähnt? Welche verschiedenen Funktionen hat es?

5. Wie kommen Licht und Finsternis im Psalm vor?

6. Was bedeutete Finsternis für die Menschen zur Zeit des Dichters? Wie gehen Menschen heute mit Finsternis um?

7. Was erfahren wir aus dem Psalm über den Menschen und seinen Platz in der Schöpfung?

8. „Du hast alle deine Werke weise geordnet" (V. 24). Stimmen Sie zu? Welche Bedeutung hat diese Aussage im Blick auf Ihr eigenes Leben?

Austausch und Gebet

15–30 Minuten

1. Wie erleben Sie sich selbst als Teil der Schöpfung?

2. Was würde Ihnen fehlen, wenn es keinen Gott gäbe? Würden Sie die Natur anders erleben?

3. Was könnte Sie zu einem ähnlich staunenden Lobpreis Gottes veranlassen, wie es dieser Psalm ist?

4. Welche Wünsche würden Sie an das Ende eines Lobpsalms stellen?

5. Wie können Sie das Gotteslob dieses Psalms aufgreifen?

Erläuterungen

Überblick zu Psalm 104: Psalm 104 ist einer der bedeutendsten alttestamentlichen Schöpfungspsalmen. Für den Beter ist klar, dass alles in der Welt von Gott geschaffen wurde – der kleine Klippdachs (V. 18) genauso wie die großen Fische im Meer (V. 26). Auch die Erde als Lebensraum der Menschen und Tiere wurde von Gott geschaffen und wird von ihm versorgt und erhalten.
Im Vergleich zu anderen religiösen Deutungen der Natur ist es das Besondere dieses Schöpfungsglaubens, dass nicht die einzelnen Naturgewalten als Götter verehrt werden, sondern dass der Beter in allen Erscheinungsformen der Schöpfung das Wirken des einen Gottes erkennt. Das ist etwas anderes als eine bloße Verehrung der Natur, die die „Wunder der Natur" zwar ebenfalls bestaunt, aber Natur an sich für etwas Göttliches hält. Der englische Schriftsteller C.S. Lewis vergleicht eine solche Naturverehrung mit dem Verhalten eines Kindes, das von der Uniform des Briefträgers so beeindruckt ist, dass es vergisst, die Briefe zu lesen, die er bringt.
Der Schöpfungsglaube im AT und dieser Psalm sind stattdessen vom staunenden Lobpreis darüber durchdrungen, dass hinter der sichtbaren Welt und ihren Wundern Gott als Schöpfer dieser Schönheit und Vielfalt erkannt und gepriesen wird.

V. 1: Lobe den HERRN, meine Seele! Wie viele andere Lobpsalmen auch beginnt Ps 104 mit einer Aufforderung. Der Beter richtet sie hier an sich selbst. **Seele** bezeichnet in den Psalmen meist den ganzen Menschen. In dieser Aufforderung geht es demnach um ein von Herzen kommendes Lob, das den ganzen Menschen erfasst. Die Form der Aufforderung erinnert uns daran, dass das Gotteslob häufig mit einem willentlichen Entschluss beginnt. Auch das von Herzen kommende Lob braucht den Entschluss, es hier und jetzt zu beginnen.

V. 1.2: HERR, mein Gott, du bist sehr groß; in Hoheit und Pracht bist du gekleidet. Licht ist dein Kleid, das du anhast. Das Gotteslob beginnt mit einem Bekenntnis. Der Beter preist seinen Gott, den er mit seinem Namen anspricht. In der Natur begegnen ihm nicht unpersönliche Gewalten, sondern der Gott, der die Welt geschaffen hat und der sich den Menschen als Person offenbart. **Hoheit und Pracht.** Die hebräischen Begriffe gehören zur Beschreibung königlicher Pracht (vgl. Ps 96,6.10). Als himmlischer König ist Gott der uneingeschränkte Herrscher. **Licht ist dein Kleid**. Wie in 1 Mo 1 steht das Licht am Anfang der Schöpfungswerke.

V. 2-4: Du breitest den Himmel aus wie ein Zelt; du baust deine Gemächer über den Wassern ... Der Dichter schildert den „oberen" Teil der Schöpfung, sozusagen das göttliche Obergeschoss. **über den Wassern.** Gemeint sind hier die „Wasser über der Feste" (1 Mo 1,6-8), also oberhalb des Himmelsgewölbes als sichtbarer Grenze. Aus diesen Wassern speisen sich die Wolken und damit auch der Regen. **Wolken ... Winde ... Feuerflammen.** Zur oberen Region gehören auch Wolken, Wind und Blitze. Sie alle sind aber keine eigenständigen Gewalten oder gar Götter, sondern Gottes „Instrumente": sein Wagen, seine Diener und Boten – Bilder für Gottes bleibende Verfügungsgewalt über die Kräfte der Natur.

V. 5: ... der du das Erdreich gegründet hast auf festen Boden, dass es nicht wankt immer und ewiglich. In der zweiten „Strophe" des Psalms, V. 5-9, steht die Erschaffung des Erdbodens als Lebensraum des Menschen im Mittelpunkt. Als weiser Baumeister legt Gott ein sicheres und festes Fundament (vgl. 1 Kön 5,31; 6,37). Damit garantiert er die Beständigkeit seiner Schöpfung. Im NT weist Jesus allerdings darauf hin, dass diese Schöpfung vorläufig ist und durch Gottes neue Welt abgelöst werden wird (Mt 24,35; vgl. Offb 21,1). Diese Neuschöpfung wurde nötig, weil der Mensch durch seine Sünde Gott die Anerkennung verweigert und damit letztlich auch die Schöpfung zu Grunde richtet. Doch dieses Thema kommt in Psalm 104 nur ganz am Rande vor (vgl. zu V. 35).

V. 6: Die Flut der Tiefe deckte es wie ein Kleid, und die Wasser standen über den Bergen ... Auch die Erde ist zunächst vom Wasser bedeckt. V. 7.8 beschreiben, wie Gott die lebensfeindlichen Wassermassen zurückdrängt und so Lebensraum schafft für Mensch und Tier. Wasser steht hier wie in V. 9.25.26 für das Chaotische und für Menschen Unbeherrschbare. In der Sintflut (1 Mo 6-8) sind es ja gerade die Wassermassen, die die Erde zerstören und alles Leben vernichten. Doch selbst diese chaotischen Kräfte sind Gott untergeordnet. Sie werden von ihm gebändigt und seiner Schöpfung dienstbar gemacht.

V. 9: Du hast eine Grenze gesetzt, darüber kommen sie nicht und dürfen nicht wieder das Erdreich bedecken. Dass die Wassermassen auf die Meere begrenzt sind, erschließt sich dem Beter als Gottes Anordnung. Nicht Naturgesetze halten das Meer in seinem Becken, sondern Gott hat ihm eine Grenze gesetzt. – Diese Beschreibung der Natur klingt auf den ersten Blick vielleicht etwas naiv. Sicher zeigt sich darin auch die Grenze der Erkenntnisse, die dem Dichter zur Verfügung standen. Und doch sind auch die Naturgesetze der modernen Wissenschaft nichts anderes als Schlussfolgerungen aus Beobachtungen, Modellvorstellungen zur Erklärung der Wirklichkeit. Wer genauer hinsieht, erkennt auch in den modernen Erklärungen viele Lücken und Begrenzungen. Und ist nicht gerade der Versuch, die Welt in ihrer Vielfalt und Ordnung ohne Gott erklären zu wollen, viel naiver, ja sogar törichter als die Betrachtungsweise des Psalms?

V. 10: Du lässest Brunnen quellen in den Tälern, dass sie zwischen den Bergen dahinfließen ... In V. 10. beginnt ein neuer Abschnitt, der bis V. 18 reicht. **Wasser** ist nicht länger die chaotische und zerstörende Gewalt, die den Lebensraum des Menschen bedroht, sondern lebensspendendes Nass. Bäche und Flüsse fließen auf Gottes Anordnung hin. Er bändigt das Chaotische und nutzt es für seine Schöpfung.

V. 11: ... dass alle Tiere des Feldes trinken und die Wildesel ihren Durst löschen. – Tiere des Feldes bezeichnet im AT wilde Tiere im Unterschied zu den Haustieren. „Feld" meint in dieser Formulierung also nicht den bebauten Acker, sondern das offene Land im Unterschied zum abgegrenzten Weidegebiet oder zu einer Stadt (vgl. 3 Mo 14,53; 5 Mo 22,23-27). **Wildesel.** Als eines dieser Tiere wird in V. 11b der Wildesel hervorgehoben. Dieses scheue und schnelle Tier meidet die Menschen und steht deshalb exemplarisch für den vom Menschen unabhängigen Teil der Schöpfung. – Der Lobpreis des Beters erkennt Gottes Wirken in der ganzen Schöpfung. Er dankt ihm nicht nur für das, was ihm selbst zu Gute kommt. Auch in den oft gefährlichen und feindlichen wilden Tieren erkennt er Gottes Geschöpfe, die von ihm ihren Platz in seiner Schöpfung erhalten haben.

V. 13: Du tränkst die Berge von oben her, du machst das Land voll Früchte, die du schaffest. Noch einmal erinnert der Psalm an das zu Anfang beschriebene „Obergeschoss". Die Quellen erreichen den oberen Bereich der Berge nicht. Doch Gott in seiner Weisheit hat nichts übersehen und kann deshalb auch Berge und Hügel zu fruchtbarem Gebiet machen.

V. 14: Du lässest Gras wachsen für das Vieh und Saat zu Nutz den Menschen ... Mit diesem Vers wird der engere Lebensraum des Menschen angesprochen: Ackerbau und Viehzucht, die ihm Lebensunterhalt bieten. – Aufbau und Struktur des Psalms sind wohl durchdacht. Er beginnt mit der Grundlegung der Welt und nähert sich dann immer mehr dem Lebensraum des Menschen. Doch er bleibt nicht beim Menschen stehen, sondern wendet sich dann wieder der ganzen Schöpfung und der Vielfalt der Werke Gottes zu. Das Gotteslob des Psalms ist zwar aus menschlicher Perspektive formuliert und entsprechend geordnet. Und doch gelingt es dem Dichter, die Welt im Spiegel seiner Gotteserkenntnis zu betrachten. Weil Gott alles geschaffen hat, ist alles wichtig und lobenswert.

V. 15: ... dass der Wein erfreue des Menschen Herz und sein Antlitz glänze vom Öl und das Brot des Menschen Herz stärke. Die Auswahl gerade dieser Schöpfungsgaben zeigt die Lebensfreundlichkeit Gottes. Gott gewährt dem Menschen das täglich notwendige Brot. Doch zu dieser Grundversorgung gehört auch das, was das Leben schön macht und Freude bereitet. Wein, Öl und Brot stehen exemplarisch für alle Früchte, die Gott wachsen lässt und die den Menschen nähren und erfreuen. **Öl** macht schön durch die Verwendung beim Kochen und Abschmecken, dann aber auch durch das direkte Einreiben der Haut (Ps 23,5; 133,2; Mt 6,17). **Antlitz** und **Herz** beschreiben das Äußere und Innere des Menschen. Gott sorgt für beides.

V. 16: Die Bäume des HERRN stehen voll Saft, die Zedern des Libanon, die er gepflanzt hat. Recht schnell wendet sich der Blick des Dichters wieder vom Menschen weg in die Weite der Schöpfung. **Bäume des HERRN** bezeichnet wohl besonders große und beeindruckende Bäume. Dazu gehören auch die sprichwörtlichen Zedern des Libanon.

V. 18: Die hohen Berge geben dem Steinbock Zuflucht und die Felsklüfte dem Klippdachs. Der **Klippdachs** ist ein dem Murmeltier ähnliches Tier und wird auch Klippschliefer oder Felsenhyrax genannt. Nach 3 Mo 11,5 zählt er zu den unreinen Tieren, darf also nicht gegessen werden. Gemeinsam mit Steinböcken kann man ihn heute etwa im Naturreservat von En Gedi am Toten Meer beobachten.

V. 19: Du hast den Mond gemacht, das Jahr danach zu teilen; die Sonne weiß ihren Niedergang. V. 19-23 bilden eine weitere Strophe des Psalms. Mond und Sonne stehen für den Wechsel von Tag und Nacht, aber auch für den Ablauf der Monate und Jahre (vgl. 1 Mo 1,14-18). Durch den Beginn mit dem Mond und der Betonung des Sonnenuntergangs führt der Dichter zum Thema dieser Strophe hin: der Finsternis.

V. 20: Du machst Finsternis, dass es Nacht wird ... Im Zeitalter des elektrischen Lichtes kennen wir kaum noch die Erfahrung echter Finsternis, die nicht durch einen schnellen Griff nach dem Lichtschalter vertrieben werden kann. Doch zur Zeit des Psalmbeters hatte die Finsternis noch nichts von ihrem bedrohlichen Charakter verloren. Sie war die Zeit der Angst und des Schreckens (Ps 91,5; Hld 3,8). Auch diese für den Menschen bedrohliche Zeit hat ihren Sinn in Gottes guter Schöpfung. Denn in dieser Zeit können die wilden Tiere zur Tränke kommen und ihre Nahrung suchen. – Gott, der sich selbst mit Licht bekleidet (V. 2), herrscht auch über die Finsternis der Nacht. In seinem Herrschaftsbereich gibt es keinen gleichwertigen Gegenspieler, sondern alles ist ihm untertan.

V. 22.23: Wenn aber die Sonne aufgeht, heben sie sich davon und legen sich in ihre Höhlen. Dann geht der Mensch hinaus an seine Arbeit und an sein Werk bis an den Abend. Der Tag ist die Zeit des Menschen, die Zeit, an der er seiner Arbeit nachgeht. **Arbeit** meint hier ganz allgemein das Tätigsein des Menschen, nicht nur die (bezahlte) Erwerbsarbeit. Ein solches Tätigsein gehört zum menschlichen Leben selbstverständlich dazu. Selbst das Paradies ist kein Schlaraffenland, sondern ein Garten, den der Mensch bebaut und bepflanzt, in dem er arbeitet und die Früchte seiner Arbeit erntet. Allerdings weiß sich der alttestamentliche Mensch auch in seiner Arbeit von Gott abhängig. Denn letztlich ist aller Ertrag nur Gottes

Segen. Zugespitzt heißt es deshalb in Ps 127,2: „Den Seinen gibt's der Herr im Schlaf." Dieses für das biblische Verständnis kennzeichnende Miteinander von Arbeit und Gottvertrauen ist in dem Wahlspruch „Bete und arbeite" treffend zusammengefasst.

V. 24: HERR, wie sind deine Werke so groß und viel! Du hast sie alle weise geordnet, und die Erde ist voll deiner Güter. Der Lobpreisruf fasst die vorausgehenden Beobachtungen zusammen. Gleichzeitig leitet er die nächste Strophe des Gedichtes ein, die in V. 25-30 noch einmal ganz verschiedene Bereiche der Schöpfung betrachtet. **so groß und viel.** Die Vielzahl der Schöpfungswerke kann in einem einzigen Psalm gar nicht besungen werden. Der Vers fordert den Leser deshalb auf, mit dem eigenen Lob Gottes Herrlichkeit in der Schöpfung zu besingen. In seiner Zeit hat zum Beispiel der Dichter Paul Gerhardt mit dem Lied „Geh aus, mein Herz" diese Aufforderung aufgegriffen. Auch wenn wir nicht so schöne und treffende Worte finden: Gottes Schöpfung, so wie wir sie erleben und beobachten, ist immer ein Lob wert.

V. 25.26: Da ist das Meer, das so groß und weit ist, da wimmelt's ohne Zahl, große und kleine Tiere. Dort ziehen Schiffe dahin; da ist der Leviatan, den du gemacht hast, damit zu spielen. Noch ein letztes Mal wendet sich der Dichter dem Wasser zu. Wie die Erde ist es Lebensraum für ganz unterschiedliche Tiere. Und sogar der Mensch kann es sich für den Seehandel nutzbar machen. **Der Leviatan** ist ein Meerungeheuer oder ein mythischer Meerdrache. Er steht für die Schrecken des noch unerforschten und ungebändigten Meeres. Auch dieses Ungeheuer ist in der Sicht des Beters nur ein Spielzeug seines großen und mächtigen Gottes.

V. 27.28: Es wartet alles auf dich, dass du ihnen Speise gebest zu seiner Zeit. Wenn du ihnen gibst, so sammeln sie; wenn du deine Hand auftust, so werden sie mit Gutem gesättigt. Jetzt weitet sich der Blick von den Fischen im Meer hin zu allen Lebewesen. Sie alle sind auf Gottes versorgende Güte angewiesen, aus der sich die Lebenskraft jedes Wesens speist.

V. 29.30: Verbirgst du dein Angesicht, so erschrecken sie; nimmst du weg ihren Odem, so vergehen sie und werden wieder Staub. Du sendest aus deinen Odem, so werden sie geschaffen, und du machst neu das Antlitz der Erde. Gottes Zuwendung bedeutet Leben – wenn er sich verbirgt, wenn er seinen Leben schaffenden Odem zurückzieht, versiegt das Leben. Aber Gottes Absicht ist das Leben. Er **sendet aus [s]einen Odem** und erneuert die Erde. Denn das ist sein eigentliches Werk. – Ganz deutlich wird hier, wie unmittelbar der Dichter die ganze Schöpfung, einschließlich seines eigenen Lebens, auf Gott bezieht. Nur in der Verbindung mit ihm kann der Mensch, kann die Schöpfung bestehen. An dieser grundlegenden Einsicht des Psalms hat sich bis in unsere Zeit nichts geändert. Nachdem Gott sich durch seinen Sohn Jesus Christus offenbart hat, wird diese Einsicht im NT nur etwas anders akzentuiert. Denn jetzt erkennen wir Gott in seinem Sohn: „Er ist das Ebenbild des unsichtbaren Gottes, der Erstgeborene vor aller Schöpfung. Denn in ihm ist alles geschaffen, was im Himmel und auf Erden ist, das Sichtbare und das Unsichtbare, es seien Throne oder Herrschaften oder Mächte oder Gewalten; es ist alles durch ihn und zu ihm geschaffen. Und er ist vor allem, und es besteht alles in ihm" (Kol 1,15-18).

V. 31: Die Herrlichkeit des HERRN bleibe ewiglich, der HERR freue sich seiner Werke! Die letzte Strophe des Psalms (V. 31-35) formuliert verschiedene abschließende Gedanken und Wünsche. Die Schöpfung soll für immer ein Spiegel der göttlichen Herrlichkeit sein und ihrem Schöpfer diese Herrlichkeit im Gotteslob auch zurückgeben. Dann hat Gott Grund, sich über die Schöpfung zu freuen und der Mensch wird in seiner Obhut sicher und geschützt leben.

V. 32: Er schaut die Erde an, so bebt sie; er rührt die Berge an, so rauchen sie. Wenn Gott sich nicht mehr über seine Werke freut, dann kann er sie auch zunichte machen. So wie er in der Sintflut die gebändigten Wasser noch einmal losließ, so kann er auch die fest gegründete Erde wieder wanken lassen. Doch er hat zugesagt, das nicht mehr zu tun (1 Mo 8, 21f.).

V. 33-34: Ich will dem HERRN singen mein Leben lang und meinen Gott loben, solange ich bin. Mein Reden möge ihm wohlgefallen. Ich freue mich des HERRN. Was den Dichter selbst betrifft, so will er seinen Anteil am Lob des Schöpfers nicht nur in diesem Psalm, sondern sein ganzes Leben lang beitragen. Seine Hoffnung ist, dass Gott auch durch ihn Grund zur Freude hat.

V. 35: Die Sünder sollen ein Ende nehmen auf Erden und die Gottlosen nicht mehr sein. Dieser Wunsch kommt im letzten Vers eines so „harmonischen" Psalms eher überraschend. Doch wenn der Dichter wünscht, dass Gott Freude an seiner Schöpfung hat, dann muss auch das, was diese Freude stört, aus der Schöpfung verschwinden. Denn der Spott der Sünder kann ja auch sein eigenes Gotteslob trüben oder gar zunichte machen. Trotz aller Freude über das Schöne in der Schöpfung bleibt der Sündenfall doch als traurige Tatsache bestehen. Dass der Psalmdichter diese Frage aus seinem Gedicht nicht ausklammert, ist ein Zeichen für seine realistische Weltsicht. Doch für sein Thema ist sie wiederum auch nicht so wichtig, dass er ihr mehr als eine Zeile widmen müsste.

V. 35: Lobe den HERRN, meine Seele! Der Psalm schließt, wie er begonnen hat. Auch wenn das Lob Gottes nach dem Gang durch die Schöpfung zunächst zu einem Ende kommt, ist dieses Ende doch ein neuer Anfang. Deshalb steht am Ende des Psalms die Aufforderung zur Fortsetzung, sei es durch die Wiederholung dieses Psalms oder durch ein neues Lied. – **Halleluja!** Im abschließenden Halleluja, das hier zum ersten Mal im Psalter vorkommt, richtet sich dieses Lob auch an die versammelte Gemeinde (vgl. den Überblick zu Ps 146).

Dietrich Bonhoeffer:

„Die Schrift verkündigt Gott als den Schöpfer Himmels und der Erden. Ihm Ehre, Lob und Dank zu bringen, rufen uns viele Psalmen auf. Es gibt jedoch keinen einzigen Psalm, der nur von der Schöpfung spricht. Immer ist es der Gott, der sich seinem Volk in seinem Wort schon offenbart hat, der als der Schöpfer der Welt erkannt werden soll. Weil Gott zu uns gesprochen hat, weil uns Gottes Name offenbar geworden ist, können wir an ihn als den Schöpfer glauben. Sonst könnten wir ihn nicht kennen. Die Schöpfung ist ein Bild der Macht und Treue Gottes, die er uns in seiner Offenbarung in Jesus Christus erwiesen hat. Den Schöpfer, der sich uns als Erlöser offenbart hat, beten wir an."[8]

C.S. Lewis, Vom Loben

Als ich anfing, mich dem Glauben an Gott anzunähern, und auch noch einige Zeit, nachdem er mir geschenkt worden war, machte mir die von allen frommen Leuten immer wieder lautstark vorgetragene Aufforderung zu schaffen, wir sollten Gott „loben"; und noch mehr der Gedanke, dass Gott selbst das verlangte. Für jemanden, der ständig hören will, wie tugendhaft, intelligent und sympathisch er doch ist, haben wir alle nicht viel übrig; ... Die Psalmen erwiesen sich in dieser Hinsicht als besonders schwierig: „Lobet den Herrn", „Preiset mit mir den Herrn", „Preiset ihn." (Und übrigens, wieso bestand das Gotteslob so oft darin, dass man anderen Leuten sagte, sie sollten ihn loben? Oder gar darin, dass man Wale, Schneestürme usw. dazu aufforderte, weiterhin das zu tun, was sie ohnehin tun würden, ob wir es ihnen sagen oder nicht?) Schlimmer noch war die Aussage, die Gott selbst in den Mund gelegt wurde: „Wer Dank opfert, der preiset mich" (Psalm 50,23). Das hörte sich verdächtig danach an, als sagte er: „Das Wichtigste ist mir, dass man mir sagt, wie gut und großartig ich bin." ...

Doch das Offensichtlichste am Loben – ob es sich auf Gott oder etwas anderes bezieht – entging mir merkwürdigerweise. Ich sah darin ein Kompliment, eine Art Beifall oder Ehrerweisung. Dabei fiel mir nie auf, dass jede Freude an irgendetwas ganz von selbst in Lobpreis überfließt, wenn er nicht gezielt durch Schüchternheit oder die Furcht davor, andere zu langweilen, gebremst wird (und manchmal selbst dann). Die Welt ist voll von Lobpreis – Liebende preisen ihre Geliebten, Leser ihre Lieblingsdichter, Wanderer preisen die Landschaft, Spieler preisen ihr Lieblingsspiel – man preist das Wetter, bestimmte Weinsorten, Gerichte, Schauspieler, Motoren, Pferde, Universitäten, Länder, historische Persönlichkeiten, Kinder, Blumen, Berge, seltene Briefmarken, seltene Käfer, manchmal sogar Politiker oder Gelehrte. ... Wo keine unerträglich widrigen Umstände es verhindern, scheint Lobpreis fast so etwas zu sein wie hörbar gewordene innere Gesundheit ...

Ich hatte auch noch nicht bemerkt, dass die Menschen nicht nur spontan alles preisen, was ihnen wertvoll erscheint, sondern auch spontan uns andere drängen, in ihre Lobeshymne einzustimmen: „Ist sie nicht wunderhübsch? War das nicht herrlich? Finden Sie das nicht großartig?" Wenn die Psalmisten jedermann auffordern, Gott zu preisen, dann tun sie nur, was alle Menschen tun, wenn sie von etwas sprechen, das ihnen am Herzen liegt. Meine ganze allgemeinere Schwierigkeit mit dem Lobpreis Gottes kam nur dadurch zustande, dass ich uns absurderweise im Blick auf das allerhöchste Gut etwas vorenthalten wollte, was wir gerne und sogar ganz unwillkürlich im Blick auf alles andere tun, was uns wertvoll ist.

Ich glaube, wir loben deshalb gerne, was uns Freude bereitet, weil der Lobpreis die Freude nicht nur ausdrückt, sondern vervollständigt; er ist die ihr bestimmte Vollendung. Es ist nicht als Kompliment gemeint, wenn Liebende sich gegenseitig immer wieder sagen, wie schön sie sind, sondern das Entzücken übereinander ist einfach unvollständig, solange es nicht ausgedrückt wird. Es ist frustrierend, einen neuen Autor entdeckt zu haben und niemandem erzählen zu können, wie gut er ist; oder plötzlich an einer Wegbiegung in den Bergen auf einen Talblick von unverhoffter Pracht zu stoßen und dann schweigen zu müssen, weil die Leute, mit denen man unterwegs ist, sich darum so wenig scheren wie um eine alte Konservenbüchse im Graben; oder einen guten Witz zu hören und niemanden zu finden, dem man ihn erzählen kann ...

Wäre eine erschaffene Seele imstande, den würdigsten Gegenstand von allen voll und ganz zu „würdigen" (damit meine ich, in dem vollen Maß, das einem endlichen Wesen möglich ist), also ihn zu lieben und sich über ihn zu freuen, und gleichzeitig in jedem Moment dieser Freude vollkommenen Ausdruck zu geben, dann wäre dieser Seele die höchste Seligkeit zuteilgeworden.

In diesem Sinne etwa leuchtet mir die christliche Lehre, wonach der „Himmel" ein Zustand ist, in dem die Engel schon jetzt und später auch die Menschen unentwegt damit beschäftigt sind, Gott zu preisen, am leichtesten ein. Dabei könnte man auf den trostlosen Gedanken kommen, es sei „wie in der Kirche" ... Um zu erkennen, was diese Lehre wirklich bedeutet, müssen wir uns vorstellen, wir wären von vollkommener Liebe zu Gott ergriffen – trunken, versunken, aufgelöst angesichts jener Beglückung, die gar nicht daran denkt, sich in uns aufzustauen wie eine unaussprechliche und darum kaum erträgliche Seligkeit, sondern unaufhörlich wieder aus uns herausfließt und sich mühelos und vollkommen ausdrückt, sodass unsere Freude genauso wenig von dem Lobpreis zu trennen ist, in dem sie sich Luft macht und äußert, wie das Licht, das ein Spiegel empfängt, zu trennen ist von dem Licht, das er verströmt. Im schottischen Katechismus heißt es, das höchste Ziel des Menschen sei es, „Gott zu verherrlichen und sich für immer an ihm zu erfreuen". Aber wenn es so weit ist, werden wir wissen, dass beides dasselbe ist. Uns voll und ganz an ihm zu erfreuen heißt, ihn zu verherrlichen. Indem Gott uns gebietet, ihn zu verherrlichen, lädt er uns ein, uns an ihm zu erfreuen.[9]

9 Unter Gottes Schutz

Psalm 121

Einstieg

15–20 Minuten

Wählen Sie bitte eine oder zwei Fragen aus.

1. Waren Sie schon einmal in einer Situation, in der Sie dringend Hilfe brauchten? Was geschah?

2. Sie müssen eine Reise in eine Krisenregion antreten. Wie bereiten Sie sich vor?

3. Welche guten Wünsche geben Sie Menschen vor längeren Reisen mit auf den Weg?

Der treue Menschenhüter

1 Ein Wallfahrtslied.
Ich hebe meine Augen auf zu den Bergen. Woher kommt mir Hilfe?
2 Meine Hilfe kommt vom HERRN, der Himmel und Erde gemacht hat.
3 Er wird deinen Fuß nicht gleiten lassen,
und der dich behütet, schläft nicht.
4 Siehe, der Hüter Israels schläft noch schlummert nicht.
5 Der HERR behütet dich; der HERR ist dein Schatten
über deiner rechten Hand,
6 dass dich des Tages die Sonne nicht steche
noch der Mond des Nachts.
7 Der HERR behüte dich vor allem Übel, er behüte deine Seele.
8 Der HERR behüte deinen Ausgang und Eingang
von nun an bis in Ewigkeit!

Bibelgespräch

30–40 Minuten

1. Worauf müssen Pilger auf steilen Bergpfaden besonders achten? Welche Sorge bewegt den Beter dieses Psalms?

2. Was bekommt der Wanderer in diesem Psalm mit auf den Weg?

3. Mit welchen Bildern beschreibt der Psalm Gottes umfassende Gegenwart?

4. Wozu betont der Psalm so ausdrücklich, dass Gott nicht schläft?

Austausch und Gebet

15–30 Minuten

1. Mit welchem Vergleich, mit welchen Bildern lässt sich Gottes Schutz heute beschreiben?

2. Wo sind Sie ganz besonders auf Schutz angewiesen? Wie schützen Sie sich?

3. Was bedeutet Ihnen die Zusage von Gottes Schutz – etwa angesichts vieler Verkehrsunfälle?

4. Welche Hoffnung trägt Sie in schweren Zeiten?

Erläuterungen

Überblick zu Psalm 121: Die Psalmen 120-134 haben in der Überschrift jeweils den Vermerk: „Ein Wallfahrtslied". Wallfahrten gehörten in alttestamentlicher Zeit zu den regelmäßigen Pflichten. Dreimal im Jahr sollte jeder männliche Israelit zu einem Fest nach Jerusalem reisen: Am Fest der ungesäuerten Brote (verbunden mit dem Passafest), am Wochenfest (= Pfingsten) und am Laubhüttenfest (5 Mo 16,16). Im Zusammenhang einer solchen Wallfahrt kann man sich Psalm 121 gut vorstellen. Die Pilger waren für die Festtage in Jerusalem gewesen. Sie hatten miteinander im Tempel ihre Gaben vor Gott gebracht, hatten miteinander Gott gepriesen und seine Gegenwart erlebt. Jetzt jedoch war das Fest zu Ende und der Heimweg stand unmittelbar bevor. Nun ging jeder wieder zurück in sein Dorf und in seinen Alltag. Vielleicht stand der Pilger jetzt an einem der Stadttore von Jerusalem und schaute auf den Weg, der vor ihm lag. Es war keine sehr ermutigende Aussicht. Die Berge um Jerusalem, besonders zum Jordantal hin, sind ein eher ödes und damals wenig bewohntes Gebiet. Deshalb waren sie ein idealer Unterschlupf für alle, die sich verstecken mussten. So hatte auch David auf der Flucht vor Saul in diesen Bergen Zuflucht gesucht. Doch neben unschuldig Verfolgten fand sich dort auch lichtscheues Gesindel, das den Wanderern auflauerte und sie ausraubte. Das zeigt im Neuen Testament das Gleichnis vom barmherzigen Samariter. Dort erzählt Jesus von einem Mann, der gerade auf dem Weg von Jerusalem nach Jericho Räubern in die Hände fiel. Das könnte die Aussicht gewesen sein, die sich dem Pilger am Stadttor bot. Und in diese Situation hinein spricht Ps 121.

V. 1: Ich hebe meine Augen auf zu den Bergen. Woher kommt mir Hilfe? Angesichts der Berge wird dem Pilger sofort klar, dass er auf Hilfe angewiesen ist. Wie soll er diesen Weg sonst sicher bewältigen? Bewundernswert ist an sich schon, dass er seine Hilfsbedürftigkeit so frei eingesteht. Ein anderer hätte vielleicht die Augen nur auf die Straße gerichtet und die Gefahr verdrängt. Doch der Beter des Psalms will sich nicht leichtfertig in Gefahr begeben. Er sucht schon zu Anfang seiner Reise nach einer Hilfe für den gefährlichen Weg.

V. 2: Meine Hilfe kommt vom HERRN, der Himmel und Erde gemacht hat. Der Pilger beantwortet seine Frage selbst mit einem Bekenntnis zu seinem Gott. Man kann sich das als eine Art inneren Dialog vorstellen, in dem der Beter sich an das erinnert, was er in den zurückliegenden Festtagen gehört hat. Weil die Freude des Festes noch in ihm nachklingt, will er sich die Gegenwart Gottes durch die Erinnerung daran noch einmal vergewissern. **HERR** steht hier in der deutschen Übersetzung für Jahwe, den Eigennamen Gottes im Alten Testament (s. auch zu Ps 8,1). Indem der Beter Gott beim Namen nennt, wird seine Beziehung zu ihm erkennbar. Gott ist Person und tritt dem Menschen deshalb auch persönlich gegenüber. Als „Jahwe" hatte Gott sich in besonderer Weise Mose offenbart, und zwar vor der Herausführung aus Ägypten und damit vor der gefahrvollen Reise durch die Wüste (2 Mo 3,13-15). Schon immer war er also ein Gott, der mitgeht, der Menschen auf ihrem Weg begleitet. Vor Mose hatten das bereits die Familien der Stammväter Abraham, Isaak und Jakob auf ihren vielen Wanderungen erlebt. Der Name Gottes wird hier jedoch noch in einer anderen Weise erläutert: **„der Himmel und Erde gemacht hat."** Jahwe, der Gott Israels, ist zugleich der Gott der ganzen Welt. Denn er hat sie geschaffen, er steht deshalb am Anfang aller Geschichte. Und er ist es auch, der die Welt bis heute am Leben erhält. Gott als der Schöpfer und Erhalter ist der alles umfassende Gott, der größer ist als alles. Für den Pilger am Stadttor von Jerusalem bedeutet das, dass Gott auch die gefahrvollen Berge geschaffen hat. Dieser Gott wird ihn auf seinem bedrohten Weg sicher leiten können.

V. 3: Er ... Die folgenden Verse beschreiben Gottes Hilfe und Fürsorge für den Beter. Doch jetzt spricht nicht mehr der Beter selbst, sondern ein anderer spricht ihm Gottes Schutz zu. Im Zusammenhang der Wallfahrt könnte das vielleicht ein Priester gewesen sein, der die Pilger zum Stadttor begleitete und sie jetzt im Namen Gottes segnete. Denn obwohl das Wort „Segen" oder „segnen" in diesem Psalm nicht vorkommt, ist er der Sache nach doch ein umfassender Segen für Reisende. Dieser Segen führt den „inneren Dialog" aus V. 1.2 weiter. Die Gegenwart und Hilfe Gottes für seine Reise wird dem Pilger nun auch ausdrücklich zugesprochen. Und dieser Zuspruch kann die eigene Gewissheit festigen. – Über die Bedeutung solchen Zuspruches hat Dietrich Bonhoeffer einmal gesagt: „Der Christus in den Worten des Bruders ist größer als der Christus im eigenen Herzen." **... wird deinen Fuß nicht gleiten lassen.** Wanderer und Reisende auf steilen Bergpfaden müssen trittsicher sein. An einem Geröllabhang kann schon ein einziger Fehltritt das jähe Ende der Reise bedeuten. Doch Gott lässt den Pilger seinen Weg sicher gehen.

V 3.4. ... und der dich behütet, schläft nicht. Siehe, der Hüter Israels schläft noch schlummert nicht. Gott kümmert sich auch dann noch um den Pilger, wenn alle anderen schlafen. Rund um die Uhr kann der Wanderer auf seinen Schutz vertrauen. Doch ist das nicht eigentlich selbstverständlich? Wozu nur wird dann gleich drei Mal gesagt, dass der Hüter Israels nicht schläft? Möglicherweise wollen diese wiederholten Aussagen einen Vorwurf entkräften, der im Raum stand. Was, wenn ein Pilger doch nicht wohlbehalten zu Hause ankam? Hatte Gott ihn dann im Stich gelassen? Diese Frage lässt sich nicht so einfach von der Hand weisen. Doch der Psalm hält fest: An Gottes Wachsamkeit kann es nicht gelegen haben. Er ist der gute Menschenhüter, der seine Schützlinge nicht aus den Augen verliert. – Und wenn doch etwas passiert? Im Alten Testament führten Erfahrungen von Unglück und Leid immer wieder zu scharfen Anfragen an Gott, weil Menschen auf sein Eingreifen hofften, er aber dann doch verborgen blieb (vgl. z.B. Psalm 22 oder auch Psalm 89). Im Neuen Testament zeigt sich dann, dass Gott uns selbst über den Tod hinaus noch in seiner Hand hält. Und diese Hoffnung eröffnet selbst in schweren Zeiten neue Perspektiven.

Martin Luther schreibt in einer Auslegung des Psalms: „Nach dem Sinn des Fleisches ist dein Leben ein Gleiten und Stampfen auf den Straßen, aber nach Gott ist es eine Erhebung über die Sterne und über allen Fürstenruhm zur Herrlichkeit der Engel und Kinder Gottes. ... Darum ist das Unglück für uns mehr ein Schrecken als ein Leiden, gleichsam nur gemaltes Unglück. Und wenn ich auch sterbe, so ist es dennoch kein Tod, denn mein Tod ist mehr ein Schrecken im Leben, als ein Verlust des Lebens."[10]
Das alles nimmt Erfahrungen eigenen Unglücks nichts von ihrer Schwere. Und doch wird darin erkennbar, dass Gott selbst mitten im Unglück bei uns ist.

V. 5: Der HERR behütet dich. Wörtl. könnte man hier übersetzen: *Der Herr – dein Hüter!* Dass Gott Israels Hüter ist (V. 4), wird jedem einzelnen Pilger damit noch einmal direkt zugesprochen. Gerade er ist gemeint, gerade ihm gilt Gottes Verheißung. Darin zeigen sich zwei Seiten des Wesens Gottes: Er kümmert sich um alle, um das ganze Volk und die ganze Menschheit. Und doch wendet er sich auch jedem einzelnen zu. Für ihn ist nichts zu groß, aber auch niemand zu unbedeutend.
Das Stichwort vom „Hüter" und „behüten" zieht sich von V. 3 an durch den ganzen Psalm. Es kennzeichnet hier Gottes Wachsamkeit und seine schützende Fürsorge. In vergleichbarer Weise wird im Neuen Testament dann Jesus als der Gute Hirte beschrieben (Joh 10), der sich um seine Nachfolger kümmert – bis hin zur Preisgabe des eigenen Lebens.

V. 5.6: ... der HERR ist dein Schatten über deiner rechten Hand, dass dich des Tages die Sonne nicht steche noch der Mond des Nachts. Was dieses „Behütet-Sein" für den einzelnen bedeutet, wird nun für die Situation des Wanderers noch näher beschrieben. Die **rechte Hand** oder die rechte Seite steht im Alten Testament für die menschliche Aktivität. In der rechten Hand hält der Kämpfer das Schwert, auf sie ist er in ganz besonderer Weise angewiesen. Sie steht deshalb bildhaft für die Tatkraft des Menschen. Gott selbst wird der Schatten über ihr sein und sie damit vor der Ermüdung durch die brennende Sonnenhitze schützen. **Tag ... Nacht ... Sonne ... Mond.** Diese Schutzzusage Gottes gilt ohne zeitliche Beschränkung. Denn die Gegensätze Tag – Nacht und Sonne – Mond umfassen jeweils die gesamte Lebenswirklichkeit des Menschen.
Welche schädliche Wirkung dem Mond hier zugeschrieben wird, ist nicht mehr eindeutig zu erkennen. Manche vermuten, dass damit ähnlich wie an anderen Stellen die Kälte der Nacht gemeint sei: „Des Tages kam ich um vor Hitze und des Nachts vor Frost" (1 Mo 31,40; vgl. Jer 36,30). Andere denken dagegen auch an Schäden, die durch das Mondlicht verursacht werden können. Der Psalm betont jedenfalls, dass der Wanderer zu jeder Zeit und umfassend geschützt ist. Dafür steht Gott selbst ihm zur Seite.

V. 7: Der HERR behüte dich vor allem Übel, er behüte deine Seele. Die Zusagen über Gottes Schutz werden noch weiter entfaltet. **Übel.** Hier steht dasselbe Wort wie in Ps 23,4 für „Unglück": „Und ob ich schon wanderte im finstern Tal, fürchte ich kein Unglück; denn du bist bei mir." In beiden Psalmen ist es Gottes Gegenwart, die den Beter auch angesichts drohender Gefahr getrost sein lässt. Für den Pilger auf seinem Weg nach Hause könnten es zum Beispiel Wegelagerer sein, die ihm auflauern. Spr 12,20 etwa spricht ausdrücklich von solchen, die „Böses (= „Übel") planen". **deine Seele.** In der ersten Verszeile hört der Wanderer, wovor er bewahrt wird. In der zweiten Zeile steht, was bewahrt wird: die Seele, das Leben des Pilgers. Die Beschwerden der Reise werden ihm dadurch nicht abgenommen. Aber in allen Gefahren und Strapazen wird Gott ihn bewahren. Vielleicht will „Seele" hier auch stärker das Innere des Menschen bezeichnen (vgl. Psalm 103,1). Dann würde dieser Vers betonen, dass Gott den Pilger sowohl vor äußeren als auch vor inneren Bedrohungen bewahrt.

V. 8: Der HERR behüte deinen Ausgang und Eingang von nun an bis in Ewigkeit! Noch einmal wird durch ein Gegensatzpaar Gottes umfassende Fürsorge beschrieben. **Ausgang und Eingang**, also Anfang und Ende der Reise, das Weggehen vom Heiligtum und das Wieder-zu-Hause-Ankommen, oder: der Abschied von der Festgemeinde und die Rückkehr beim nächsten Fest – beides ist in Gottes Hand, ebenso wie die gesamte Zeitspanne, die dazwischen liegt. **von nun an bis in Ewigkeit.** Der Psalm schließt mit einer umfassenden zeitlichen Perspektive: von nun an – bis in Ewigkeit. Was kann noch mehr über Gottes Nähe gesagt werden?

10 Auf Gottes Treue bauen

Psalm 146

Einstieg
15–20 Minuten
Wählen Sie bitte eine oder zwei Fragen aus.

1. Können Sie sich an einen bedeutenden oder mächtigen Menschen erinnern, der heute fast in Vergessenheit geraten ist?

2. Wann haben Sie einmal aus vollem Herzen „Halleluja" gerufen?

3. Haben Sie „gute Gewohnheiten", auf die Sie nicht verzichten wollen? Welche?

Gottes ewige Treue

1 Halleluja! Lobe den HERRN, meine Seele!
2 Ich will den HERRN loben, solange ich lebe,
und meinem Gott lobsingen, solange ich bin.
3 Verlasset euch nicht auf Fürsten;
sie sind Menschen, die können ja nicht helfen.
4 Denn des Menschen Geist muss davon,
und er muss wieder zu Erde werden;
dann sind verloren alle seine Pläne.
5 Wohl dem, dessen Hilfe der Gott Jakobs ist,
der seine Hoffnung setzt auf den HERRN, seinen Gott,
6 der Himmel und Erde gemacht hat,
das Meer und alles, was darinnen ist;
der Treue hält ewiglich,
7 der Recht schafft denen, die Gewalt leiden,
der die Hungrigen speiset.
Der HERR macht die Gefangenen frei.
8 Der HERR macht die Blinden sehend.
Der HERR richtet auf, die niedergeschlagen sind.
Der HERR liebt die Gerechten.
9 Der HERR behütet die Fremdlinge und erhält Waisen und Witwen;
aber die Gottlosen führt er in die Irre.
10 Der HERR ist König ewiglich,
dein Gott, Zion, für und für. Halleluja!

Bibelgespräch
30–40 Minuten

1. Welche einzelnen Schritte lassen sich im Gotteslob des Beters erkennen?

2. Halten Sie V. 2 für „fromme Übertreibung“ oder spricht der Beter hier tatsächlich von einer täglichen Erfahrung? Wie kann das Loben Gottes ein ganzes Leben prägen?

3. Warum ist der Psalmist so kritisch gegenüber einflussreichen Menschen („Fürsten“, V. 3)? Gute Beziehungen haben doch noch nie geschadet!?

4. Hat der Beter dieses Psalms eine zu geringe Meinung vom Menschen? Oder halten Sie seine Weltsicht eher für realistisch und klug?

5. Wofür wird Gott in diesem Psalm gelobt? Wo sehen Sie heute etwas von dem Handeln und Wirken Gottes, wie es der Psalm beschreibt?

6. Welche Begebenheiten aus dem Wirken Jesu passen zu V. 7-9?

Austausch und Gebet

15–30 Minuten

1. Welche Menschen in unserer Gesellschaft liegen Gott ganz besonders am Herzen?

2. Worauf oder auf wen können Sie sich verlassen?

3. Bei welcher Gelegenheit wurden Sie schon einmal im Stich gelassen? Kann Ihnen der Psalm in solchen Situationen helfen? Inwiefern?

4. Gibt dieser Psalm Ihnen Anregungen für Ihr eigenes Gebet? Welche?

Erläuterungen

Überblick zu Psalm 146: Mit Psalm 146 beginnt der große Lobpreis, das große Halleluja, das das Buch der Psalmen abschließt. Psalm 146-150 beginnen und schließen jeweils mit dem Jubelruf „Halleluja“. „Ja“ ist die Kurzform des alttestamentlichen Gottesnamens „Jahwe“, der in den deutschen Übersetzungen meist mit HERR wiedergegeben wird. „Hallelu-Ja“ bedeutet deshalb: Lobet Jahwe – Lobet den Herrn! Diese Aufforderung richtet sich an die versammelte Gemeinde. Darin zeigt sich ein wesentliches Kennzeichen des Gotteslobes der Psalmen: Es geschieht in der Öffentlichkeit des Tempels oder der Gemeinde und will immer mehr Menschen einbeziehen und mitreißen. Diese Bewegung hinaus in die Gemeinde und die ganze Welt zeigen auch Psalm 146-150. In Psalm 146 ist es ein Einzelner, der Gott lobt und die Gemeinde um ihn herum zum Einstimmen auffordert. In den folgenden Psalmen wird der Kreis dann immer weiter gezogen. In Ps 150,6 schließt der Psalter mit einer nicht mehr zu überbietenden Aufforderung: „Alles, was Odem hat, lobe den Herrn! Halleluja!“

Nach der Aufforderung und dem Entschluss zum Lob (V. 1.2) beschreibt Psalm 146 zunächst, wer kein Lob verdient (V. 3.4). Demgegenüber strahlen Gottes Treue und sein Eingreifen für die Schwachen umso heller (V. 5-9). Deshalb endet der Psalm, wie er begonnen hat, mit der Aufforderung: Halleluja – Lobet den Herrn!

Psalm 146 ist in zwei bekannten Liedern nachgedichtet und vertont worden: Du meine Seele singe (EG 302) und Lobe den Herren, o meine Seele (EG 303). Beide Lieder zeigen, wie die Dichter zu ihrer Zeit den Psalm verstanden. Damit können sie auch unser Nachdenken über die Bedeutung des Psalms heute anregen.

V. 1: Halleluja! Lobe den HERRN, meine Seele! Nach der Aufforderung an die Gemeinde („Halleluja!“) ermuntert der Beter auch sich selbst zum Gotteslob. Sollte das nicht eigentlich selbstverständlich sein? Müsste das Herz nicht von sich aus Gott preisen? Doch die Beter der Psalmen sind hier sehr realistisch. Es gibt so viele Gründe, die das Lob verstummen lassen oder selbst einem dankbaren Herzen die Lippen verschließen. Deshalb brauchen Menschen immer wieder den Anstoß, die Aufforderung, Gott zu loben. Und deshalb ist es gut, wenn einer beginnt, sich selbst ermutigt und dann andere zum Einstimmen herausfordert. Nein, von allein geschieht das Lob nicht. Doch in der Gemeinschaft wirkt es ansteckend und kann immer weitere Kreise ziehen.

V. 2: Ich will den HERRN loben, solange ich lebe, und meinem Gott lobsingen, solange ich bin. Nachdem er erst einmal mit seinem Lob begonnen hat, verpflichtet sich der Beter im nächsten Schritt lebenslang. Wenn es etwas gibt, was ein ganzes Leben prägen und ausfüllen kann, dann ist es die Beziehung zu Gott und das Lob, das aus der Begegnung mit ihm entsteht. **Den HERRN loben.** Was heißt es, Gott zu loben? Wenn wir andere Menschen loben, dann sagen wir ihnen, dass sie etwas gut gemacht haben. Oft loben wir von „oben nach unten“: der Vorgesetzte seine Angestellten, die Lehrerin die Schüler oder Eltern ihre Kinder. Aber Loben geht auch in die andere Richtung: So können Kinder die Kochkünste der Mutter loben oder Angestellte die Führungsqualitäten des Chefs. Im Loben erkennen wir an, was andere Gutes getan haben. Wir würdigen ihr Tun. – Im Unterschied zum Danken braucht sich dieses Tun nicht unmittelbar auf uns zu beziehen. Dank geschieht immer aus einer gewissen Verpflichtung heraus: Jemand hat etwas für mich getan, ich bedanke mich bei ihm dafür. Lob dagegen ist freiwillige Anerkennung und Würdigung des anderen. Gott loben bedeutet, sein gutes Handeln an den Menschen anzuerkennen. Das setzt voraus, dass wir sein Handeln in der Welt und für die Menschen sehen. *Wenn wir Gott loben, setzen wir unsere Welt und das, was in ihr geschieht, zu ihm in Beziehung.* Wenn wir Gott loben, verändert und vertieft sich deshalb auch unsere Gotteserkenntnis.

V. 3: Verlasset euch nicht auf Fürsten; sie sind Menschen, die können ja nicht helfen. Der Dichter des Psalms nähert sich dem Handeln Gottes durch einen Seitenblick auf das Handeln und Wesen der Menschen. Er warnt davor, sich mit seinem Leben Menschen anzuvertrauen, und seien sie noch so herausragend. Damit bestreitet der Psalm nicht, dass wir als Menschen immer in Beziehungen leben und dass einflussreiche Gönner durchaus eine Hilfe können. Aber wenn es um das Fundament des Lebens geht, wird sich allein Gott als tragfähig erweisen. **Fürsten:** Dieser Vers bestärkte Martin Luther in seiner unnachgiebigen Haltung gegenüber den deutschen Fürsten auf dem Reichstag zu Worms 1521. Nein, ihnen konnte er das Urteil über seine Schriften nicht überlassen. Sondern so wie er sein Heil allein bei Gott suchte, so wollte er sich auch in seinen Schriften nur durch die Heilige Schrift widerlegen lassen.

V. 4: Denn des Menschen Geist muss davon, und er muss wieder zu Erde werden; dann sind verloren alle seine Pläne. Ganz plastisch beschreibt der Dichter, wie sinnlos ein Vertrauen auf Menschen ist. Jedem Menschen ist durch den Tod eine offensichtliche und unüberwindbare Grenze gezogen. Und mit dem Tod eines Menschen werden auch seine Pläne zunichte. Sobald jemand gestorben ist, haben auch seine Pläne ein Ende. – Im Hebräischen wird die Aussage dieser beiden Verse noch durch ein Wortspiel unterstützt: Für Menschen steht in V. 3 *ben adam* – Kinder Adams. „Erde“ im Sinne von Erdboden heißt hebräisch *adamah.* Menschen sind demnach *Erdlinge*, deren Name bereits erkennen lässt, dass sie wieder zur Erde werden müssen. Der Psalm greift damit Gedanken und Formulierungen der Schöpfungsgeschichte auf (1 Mo 2,7; 3,19).

V. 5: Wohl dem. Der Blick auf die „Fürsten“ und vergänglichen Menschen bildet im Ablauf des Psalms den dunklen Hintergrund, vor dem Gottes Herrlichkeit umso deutlicher erstrahlt. Deshalb kann der Beter den Gedanken jetzt mit einer Glücklichpreisung fortsetzen. **dessen Hilfe der Gott Jakobs ist.** Wer sich auf den Gott verlässt, der bereits die Stammväter Israels Abraham, Isaak und Jakob auf ihren Wanderungen leitete, der findet zuverlässige Hilfe. Mit der Nennung Jakobs erinnert der Dichter an alle Erzählungen, die über Gottes Weg mit Jakob und seiner Familie berichten. Und diese Geschichten zeigen, dass dieser Gott sich den Menschen zuwendet und sie in ihrem Leben begleitet. Das unterstreicht in der zweiten Zeile des Verses auch die Verwendung des göttlichen Namens *Jahwe.* Die Wiedergabe durch „HERR“ in den deutschen Übersetzungen schwächt diesen persönlich-personalen Klang etwas ab. *Jahwe* ist nämlich anders als „HERR“ ein Eigenname. Diesen Namen hat Gott selbst den Menschen offenbart (2 Mo 3,14.15). Damit macht er deutlich, dass er angesprochen und angerufen werden will, dass er sich auf die Beziehung zu den Menschen einlässt.

V. 6: Der Himmel und Erde gemacht hat, das Meer und alles, was darinnen ist, der Treue hält ewiglich. Der Vers setzt das beschreibende Lob Gottes fort. Gott ist der Gott des Einzelnen und der Gott der ganzen Welt. Diese umfassende Macht und Wirksamkeit Gottes zeigt sich nirgends so deutlich wie in der Schöpfung. Als der, der alles geschaffen hat, hält er auch alles in seiner Hand. An der Schöpfung lässt sich deshalb auch Gottes Treue erkennen. Er hat die Ordnung der Welt festgelegt, er erhält sie in dieser Ordnung – und das schon seit Urzeiten. Und auch seinen Menschen hält Gott die Treue.

V. 7: ... der Recht schafft denen, die Gewalt leiden, der die Hungrigen speiset. V. 7-9 schildern jeweils in kurzen Sätzen Gottes Handeln an den Menschen, das vor allem liebevolle Fürsorge für Bedürftige ist. Als ein Gott des Rechts liegt es ihm am Herzen, dass die Unterdrückten und Schwachen zu ihrem Recht kommen. Unter den alttestamentlichen Propheten war es besonders Amos, der diese Botschaft zu verkündigen hatte: „Es ströme aber das Recht wie Wasser und die Gerechtigkeit wie ein nie versiegender Bach" (Am 5,24). **Der HERR macht die Gefangenen frei.** Bei den Gefangenen könnte man etwa an die im babylonischen Exil lebenden Judäer denken. Oder an Menschen, die durch das unbarmherzige Eintreiben von Schulden in die Sklaverei verkauft wurden. Strafgefangene gab es dagegen in Israel in alttestamentlicher Zeit nicht.

V. 8: Der HERR macht die Blinden sehend. Der HERR richtet auf, die niedergeschlagen sind. „Blinde" können im übertragenen Sinne Uneinsichtige sein (z.B. Jes 42,16.18). In den Evangelien wird jedoch auch mehrfach berichtet, wie Jesus im buchstäblichen Sinn Blinde geheilt hat. **Der HERR liebt die Gerechten.** „Gerecht" ist nach alttestamentlichem Verständnis der Mensch, der aus der Beziehung zu Gott lebt und deshalb auch seine Ordnungen und Lebensregeln („Weisungen", vgl. zu Ps 1,2) befolgt. Das heißt jedoch nicht, dass ein solcher Mensch keine Fehler macht oder durch eigenes Tun gerecht wird. Auch der atl. Mensch weiß um seine Sünde und dass er von sich aus nicht vor Gott bestehen kann. Wie „Sünde" und „Gerechtigkeit" zusammen kommen können, beschreibt etwa Sprüche 28,13: „Wer seine Sünde leugnet, dem wird's nicht gelingen; wer sie aber bekennt und lässt, der wird Barmherzigkeit erlangen."

V. 9: Der HERR behütet die Fremdlinge und erhält Waisen und Witwen. Fremdlinge, Waisen und Witwen werden im Alten Testament mehrfach gemeinsam genannt (5 Mo 10,18; Jer 22,3). Alle diese Personengruppen hatten kein Rederecht vor Gericht, konnten also ihre Anliegen nicht selbst vertreten. Sie waren deshalb darauf angewiesen, dass andere ihr Recht achteten und sie nicht willkürlich ausbeuteten. Zugleich waren sie auch die ersten, die bei gesellschaftlichen Krisen in Mitleidenschaft gezogen wurden. Gerade um sie kümmert Gott sich in besonderer Weise.

V. 9: ... aber die Gottlosen führt er in die Irre. Dieser Satz beschreibt als einziger in der Aussagenreihe ab V. 7 ein strafendes Handeln Gottes. Da auch Gottes Gericht letztlich zum Heil der Menschen dient, hat es ebenfalls einen Platz im Gotteslob. Doch es steht nicht im Mittelpunkt. Denn Gott gefällt es nicht, wenn der Gottlose stirbt. Er sieht es viel lieber, „dass er sich bekehrt von seinen Wegen und am Leben bleibt" (Hes 18,23).

V. 10: Der HERR ist König ewiglich, dein Gott, Zion, für und für. Halleluja! Die Königsherrschaft Gottes wird in anderen Psalmen ausführlich beschrieben und bejubelt (vgl. Ps 93; 95; 97 u.a.). Hier wird nur abschließend noch einmal daran erinnert, dass Gott, dass Jahwe der umfassende Herrscher der ganzen Welt ist. Sein Reich ist ohne zeitliche und räumliche Begrenzung. Alle irdische Herrschaft kann deshalb nur dann wirklich gelingen, wenn sie sich an ihm ausrichtet und ihn respektiert. **Zion** ist im Alten Testament eine poetische Bezeichnung für Jerusalem bzw. für die Hügelkuppe, auf der der Tempel liegt. Zion bezeichnet Jerusalem deshalb in besonderer Weise als Stadt Gottes, der sich in seiner Barmherzigkeit an diese Stadt und an seinen Tempel gebunden hat. Allerdings musste Israel auch lernen, dass die Auflehnung gegen Gott diesen Bund zerstören kann und Gott sich dann auch gegen seine Stadt und sein Haus stellen kann. Doch das ist nicht das Thema dieses Psalms. Hier preist der Dichter den Gott, der König der ganzen Welt ist und doch zugleich auf dem Zion wohnt. **Halleluja.** Mit dem abschließenden „Halleluja" kehrt der Psalm wieder zu seinem Anfang zurück. Und er gibt die Aufforderung zum Lob wie eine Stafette weiter an den nächsten Psalm, bis es in Ps 150,6 in nicht mehr zu übertreffende Fülle erklingt: „Alles, was Odem hat, lobe den Herrn! Halleluja!"

Die Psalmen in der Neuen Genfer Übersetzung

Psalm 1

Zwei Wege zur Wahl

1 Glücklich zu preisen ist, wer nicht dem Rat gottloser Menschen folgt,
wer nicht denselben Weg geht wie jene, die Gott ablehnen,
wer keinen Umgang mit den Spöttern pflegt.
2 Glücklich zu preisen ist, wer Verlangen hat nach dem Gesetz des Herrn
und darüber nachdenkt Tag und Nacht.
3 Er gleicht einem Baum, der zwischen Wasserläufen gepflanzt wurde:
zur Erntezeit trägt er Früchte, und seine Blätter verwelken nicht.
Was ein solcher Mensch unternimmt, das gelingt.
4 Ganz anders ist es bei den Gottlosen:
Sie gleichen der Spreu, die der Wind wegweht.
5 Darum können sie auch nicht bestehen, wenn Gott Gericht hält.
Wer Gott ablehnt, hat keinen Platz in der Gemeinde derer,
die nach seinem Willen leben!
6 Der Herr wacht schützend über dem Weg der Menschen,
die seinen Willen tun. Der Weg aber,
den die Gottlosen gehen, führt ins Verderben.

Psalm 8

Was ist der Mensch, dass du an ihn denkst?

1 Für den Dirigenten. Auf beschwingte Weise zu begleiten. Ein Psalm Davids.
2 Herr, unser Herrscher, wie berühmt ist dein Name in aller Welt!
Ja, auch am Himmel zeigst du deine Größe und Herrlichkeit.
3 Schon Säuglingen und kleinen Kindern hast du dein Lob in den Mund gelegt,
damit sie deine Macht bezeugen. Das hast du so bestimmt,
um deine Gegner zu beschämen, um jeden Feind und Rachsüchtigen
zum Schweigen zu bringen.
4 Wenn ich den Himmel sehe, das Werk deiner Hände, den Mond und die Sterne,
die du erschaffen und an ihren Ort gesetzt hast,dann staune ich:
5 Was ist der Mensch, dass du an ihn denkst?
Wer ist er schon, dass du dich um ihn kümmerst!
6 Du hast ihn nur wenig geringer gemacht als Gott,
mit Ehre und Würde hast du ihn gekrönt.
7 Du hast ihn zum Herrn eingesetzt über deine Geschöpfe,
die aus deinen Händen hervorgingen;
alles hast du ihm zu Füßen gelegt.
8 Du hast ihm Schafe und Rinder unterstellt
und dazu alle frei lebenden Tiere in Feld und Flur,
9 die Vögel, die am Himmel fliegen, ebenso wie die Fische im Meer
und alles, was die Meere durchzieht.
10 Herr, unser Herrscher, wie berühmt ist dein Name in aller Welt!

Psalm 13

Von Gott vergessen?

1 Für den Dirigenten. Ein Psalm Davids.
2 Wie lange noch, Herr, willst du mich vergessen?
Etwa für immer? Wie lange noch willst du dich vor mir verbergen?
3 Wie lange noch muss ich unter tiefer Traurigkeit leiden
und den ganzen Tag Kummer in meinem Herzen tragen?
Wie lange noch darf mein Feind auf mich herabsehen?

4 Schau doch her und antworte mir, Herr, mein Gott!
Gib mir neuen Mut und lass meine Augen wieder leuchten,
damit ich nicht in den Todesschlaf sinke!
5 Mein Feind soll nicht sagen können: »Jetzt habe ich ihn endgültig besiegt!"
Meine Gegner sollen nicht jubeln und sich freuen, wenn ich den Halt verliere.
6 Doch ich will auf deine Güte vertrauen,
von ganzem Herzen will ich jubeln über deine Rettung!
Mit meinem Lied will ich dem Herrn danken,
weil er mir Gutes erwiesen hat.

Psalm 19 Gottes Herrlichkeit – sichtbar in der Schöpfung und in seinem Wort

1 Für den Dirigenten. Ein Psalm Davids.
2 Die Himmel[1] verkünden die Herrlichkeit Gottes,
und das Himmelsgewölbe zeigt, dass es das Werk seiner Hände ist.
3 Ein Tag erzählt es dem anderen, und eine Nacht gibt es der anderen weiter.
4 Sie tun es ohne Worte, kein Laut und keine Stimme ist zu hören.
5 Und doch geht ihre Botschaft über die ganze Erde,
ihre Sprache bis zum Ende der Welt.
Gott hat der Sonne ihren Ort am Himmel gegeben.
6 Wie ein Bräutigam aus seiner Kammer hervortritt, so geht sie am Morgen auf,
wie ein freudig strahlender Held läuft sie ihre Bahn.
7 Von Horizont zu Horizont vollführt sie ihren Lauf,
nichts kann sich vor ihrer Glut verbergen.
8 Das Gesetz des Herrn ist vollkommen, es stärkt und erfrischt die Seele.
Was der Herr in seinem Wort bezeugt, darauf kann man sich verlassen,
auch einem Unerfahrenen wird dadurch Weisheit geschenkt.
9 Die Anordnungen des Herrn sind wegweisend und erfreuen das Herz.
Das Gebot des Herrn ist klar und deutlich, es schenkt neue Einsicht.
10 Ehrfurcht vor dem Herrn ist rein, in Ewigkeit bleibt sie bestehen.
Die Ordnungen des Herrn sind zuverlässig und entsprechen der Wahrheit,
sie sind ausnahmslos gerecht.
11 Wertvoller als Gold sind sie, kostbarer als eine Menge von feinstem Gold;
sie sind süßer als Honig, ja, süßer noch als Honig, der aus der Wabe fließt.
12 Herr, auch ich, dein Diener, lasse mich durch sie zurechtweisen;
sie zu befolgen bringt großen Lohn.
13 Wem fällt es schon gleich auf, wenn er falsch gehandelt hat?
Sprich mich frei von unbewusster Schuld!
14 Bewahre deinen Diener vor überheblichen Menschen,
lass sie keine Macht über mich gewinnen!
Dann kann ich ohne Schuld und frei von schwerem Vergehen bleiben.
15 Mögen die Worte, die ich spreche, und die Gedanken, die mein Herz ersinnt,
dir gefallen, Herr, mein Fels und mein Erlöser!

Psalm 31 Alle Zeiten meines Lebens sind in deiner Hand

1 Für den Dirigenten. Ein Psalm Davids.
2 Bei dir, Herr, habe ich Zuflucht gefunden.
Lass mich nie in Schande geraten!
Erweise mir deine Treue und rette mich!
3 Neige dich zu mir herab und schenke meinem Rufen ein offenes Ohr!
Befreie mich doch schnell aus meiner Not!
Sei mir ein Fels, bei dem ich Schutz finde,
eine Festung auf hohem Berg! Rette mich!
4 Ja, du, du bist mein Fels und meine Burg! Du wirst mich führen und leiten –
dafür stehst du mit deinem Namen ein.
5 Befreie mich aus der Falle, die meine Feinde mir hinterhältig gestellt haben!
Du bist mein Schutz.

6 In deine Hände gebe ich meinen Geist. Du hast mich erlöst, Herr, du treuer Gott!
7 Ich verabscheue alle, die nutzlose Götzen verehren,
und ich selbst vertraue ganz dem Herrn.
8 Voller Freude juble ich über deine Gnade: Du kennst mein Elend,
kümmerst dich um meine Nöte, die so schwer auf meiner Seele liegen.
9 Du hast mich nicht in die Hand meiner Feinde gegeben,
weiten Raum hast du vor mir geschaffen.
10 Sei du mir auch in Zukunft gnädig, Herr! Noch bin ich in großer Bedrängnis,
sind meine Augen trüb vor Traurigkeit, erschöpft bin ich an Leib und Seele.
11 Voller Kummer schwindet mein Leben dahin, mit Stöhnen sehe ich zu,
wie meine Jahre verrinnen. Eigene Schuld hat mir die Kraft genommen.
Meine Glieder sind wie gelähmt.
12 Meine Feinde haben dafür gesorgt, dass ich Hohn und Spott
von meinen Nachbarn ernte. Meine Bekannten schrecken vor mir zurück;
wer mich auf der Straße sieht, geht mir eilig aus dem Weg.
13 Man hat mich vergessen, aus der Erinnerung verdrängt
wie einen längst Verstorbenen. Ich komme mir vor wie ein ausgedientes Gefäß,
das man zum Abfall wirft.
14 Ich höre ja genau, was viele tuscheln. Grauenhaft, was um mich vorgeht! Da
schmieden Leute miteinander Pläne gegen mich und haben dabei nur das eine
Ziel: sie wollen mir das Leben nehmen.
15 Ich aber, Herr, vertraue auf dich! Ich sage es
und halte daran fest: „Du bist mein Gott!"
16 Alle Zeiten meines Lebens sind in deiner Hand. Rette mich auch jetzt
aus der Gewalt meiner Feinde und vor denen, die mich verfolgen!
17 Wende dein Angesicht mir, deinem Diener, freundlich zu!
Sei mir gnädig und rette mich!
18 Herr, weil ich dich anrufe, lass mich nicht in Schande geraten –
die gottlosen Verleumder aber sollen in Schande enden
und im Totenreich für immer schweigen müssen.
19 Verstummen muss jedes Lügenmaul, das mit Stolz und Verachtung
frech gegen den redet, der nach dem Willen des Herrn lebt.
20 Herr, wie viel Gutes hältst du doch bereit für alle, die Ehrfurcht vor dir haben! Ja,
vor den Augen aller Menschen zeigst du deine Güte denen,
die bei dir Zuflucht suchen.
21 Du birgst sie ganz nahe bei dir, unter deinen Augen sind sie vor hinterhältigen
Menschen sicher. Wie in einer schützenden Hütte bewahrst du sievor dem feind-
seligen Geschwätz ringsum.
22 Gepriesen sei der Herr, denn er hat mir wunderbar seine Gnade erwiesen;
er hat mir in einer befestigten Stadt Zuflucht geschenkt.
23 Vorher hatte ich noch in meiner Verzweiflung gesagt: „Ich bin alleingelassen,
verbannt aus deinen Augen."Aber du hast auf mein lautes Flehen gehört,
schon damals, als ich zu dir um Hilfe schrie.
24 Ihr alle, die ihr zum Herrn gehört: zeigt ihm eure Liebe!
Der Herr behütet alle, die ihm die Treue halten.
Doch denen, die vermessen handeln, zahlt er ihren Hochmut gründlich heim.
25 Seid stark und fasst neuen Mut, ihr alle, die ihr
auf das Eingreifen des Herrn wartet!

Psalm 51

Gott, vergib mir meine Schuld!

1 Für den Dirigenten. Ein Psalm Davids.
2 Entstanden, nachdem der Prophet Natan zu David gekommen war,
weil David mit Batseba Ehebruch begangen hatte.
3 Sei mir gnädig, o Gott – du bist doch reich an Gnade!
In deiner großen Barmherzigkeit lösche meine Vergehen aus!
4 Wasche meine Schuld ganz von mir ab, und reinige mich von meiner Sünde!
5 Denn ich erkenne meine Vergehen, und meine Sünde ist mir ständig vor Augen.

6 Gegen dich allein habe ich gesündigt, ja, ich habe getan,
was in deinen Augen böse ist. Das bekenne ich, damit umso deutlicher wird:
Du bist im Recht mit deinem Urteil, dein Richterspruch ist wahr und angemessen.
7 Du weißt es: Von Geburt an lastet Schuld auf mir;
auch meine Mutter war nicht frei von Sünde, als sie mit mir schwanger war.
8 Du liebst es, wenn ein Mensch durch und durch aufrichtig ist;
so lehre mich doch im Tiefsten meines Herzens Weisheit!
9 Reinige mich von meiner Sünde – so wie der Priester dies
mit einem Ysopbüschel tut –, dann bin ich wirklich wieder rein.
Wasche meine Schuld von mir ab, dann werde ich weißer sein als Schnee.
10 Lass mich wieder etwas Wohltuendes hören und Freude erleben,
damit ich aufblühe, nachdem du mich so zerschlagen hast.
11 Schau nicht weiter auf die Sünden, die ich begangen habe,
sondern lösche meine ganze Schuld aus!
12 Erschaffe in mir ein reines Herz, o Gott,
und gib mir einen neuen, gefestigten Geist.
13 Schick mich nicht weg aus deiner Nähe,
und nimm deinen heiligen Geist nicht von mir.
14 Lass mich wieder Freude erleben, wenn du mich rettest.
Hilf mir, indem du mich bereit machst, dir gerne zu gehorchen.
15 Dann will ich denen, die sich von dir abgewendet haben, deine Wege zeigen.
Ja, Menschen, die gegen dich sündigen, sollen so umkehren zu dir.
16 Gott, durch mich wurde das Blut eines Menschen vergossen –
befreie mich von dieser Schuld, Gott, du mein Retter!
Dann werde ich dich loben mit meiner Stimme und jubeln über deine Treue.
17 Herr, öffne du meine Lippen, damit mein Mund deinen Ruhm verkündet!
18 Dir liegt nichts daran, dass ich dir Tiere als Schlachtopfer darbringe –
ich würde es sonst bereitwillig tun.
Nein, nach Brandopfern hast du kein Verlangen.
19 Ein Opfer, das Gott gefällt, ist tiefe Reue;
ein zerbrochenes und verzweifeltes Herz wirst du, o Gott, nicht zurückweisen.
20 In deiner Güte erweise auch der Stadt Zion Gutes,
ja, festige die Mauern Jerusalems!
21 Dann wirst du erneut Gefallen haben an den vorgeschriebenen Opfern,
an Brandopfern, die vollständig in Rauch aufgehen.
Dann werden auf deinem Altar wieder Stiere für dich dargebracht.

Psalm 90 Gott ist unsere Zuflucht

1 Ein Gebet von Mose, dem Mann Gottes.
Herr, eine Zuflucht bist du uns gewesen, wo man sicher wohnen kann,
du warst es für uns durch alle Generationen.
2 Ehe die Berge geboren wurden, ehe du die Erde mit ihren Lebensräumen
hervorbrachtest – da warst du, Gott, schon da von Ewigkeit zu Ewigkeit.
3 Die sterblichen Menschen lässt du zu Staub werden und sprichst: „Kehrt zum
Staub zurück, ihr Menschenkinder!"
4 Denn tausend Jahre sind in deinen Augen so kurz wie ein gerade vergangener
Tag – sie sind nicht länger als ein paar Stunden in der Nacht.
5 Du reißt die Menschen aus dem Leben, sie entschlafen, sie sind so vergänglich
wie frisch emporgewachsenes Gras,
6 das am Morgen sprießt und blüht und am Abend welkt und verdorrt.
7 Ja, wir vergehen durch deinen Grimm, wir erschrecken,
wenn dein Zorn uns trifft.
8 Du führst dir unsere Vergehen vor Augen, selbst unsere verborgenen Sünden
kommen vor dir ans Licht.
9 Ach, alle unsere Tage schwinden dahin, weil dein Zorn auf uns lastet,
wir durchleben unsere Jahre so rasch, als wären sie ein kurzer Seufzer.

[10] Unser Leben dauert siebzig Jahre, und wenn wir noch Kraft haben,
dann auch achtzig Jahre. Und was uns daran so wichtig erschien,
ist letztlich nur Mühe und trügerische Sicherheit.
Denn schnell eilen unsere Tage vorüber, als flögen wir davon.
[11] Wer aber erkennt wirklich, wie gewaltig dein Zorn und dein Grimm ist?
Wer begreift, welche Ehrfurcht dir gebührt?
[12] Lehre uns zu bedenken, wie wenig Lebenstage uns bleiben,
damit wir ein Herz voll Weisheit erlangen!
[13] Herr, wende dich uns wieder zu! Wie lange hält dein Zorn noch an?
Erbarme dich über alle, die dir dienen!
[14] Schenk uns schon am Morgen deine reiche Gnade!
Dann werden wir jubeln und uns freuen unser Leben lang.
[15] Erfreue uns nun eben so viele Tage, wie du uns bisher gedemütigt hast –
für die Jahre, in denen wir Schlimmes erleben mussten, gib uns nun gute Jahre!
[16] Lass deine Diener dein mächtiges Handeln erleben,
über ihren Kindern lass deine Herrlichkeit sichtbar werden!
[17] So zeige sich nun an uns die Freundlichkeit des Herrn, unseres Gottes!
Gib dem Bestand, was wir mit eigenen Händen tun,
ja, fördere unserer Hände Arbeit!

Psalm 104

Staunen über Gottes Schöpfung

[1] Preise den Herrn, meine Seele! Herr, mein Gott, groß und erhaben bist du,
mit Herrlichkeit und Pracht hast du dich bekleidet.
[2] In Licht hüllst du dich wie in ein Gewand,
den Himmel spannst du wie ein Zeltdach aus.
[3] Er, der die Säulen seiner Wohnung im Wasser des Himmelsgewölbes errichtet,
der Wolken zu seinem Wagen macht und auf Flügeln des Windes erscheint,
[4] der Winde zu seinen Boten macht und Feuerflammen zu seinen Dienern –
[5] er hat der Erde ihr Fundament gegeben,
so dass sie für immer und ewig nicht wankt.
[6] Du, Gott, bedecktest sie mit gewaltigen Wassermassen wie mit einem Kleid,
selbst über den Bergen standen die Fluten.
[7] Doch auf deinen drohenden Befehl hin flohen sie,
vor deiner Donnerstimme wichen sie schnell zurück.
[8] So kamen Berge empor, Täler senkten sich.
Die Wassermassen aber zogen sich zurück an den Ort,
den du für sie bereitet hattest.
[9] Eine Grenze hast du ihnen gesetzt, die sie nicht überschreiten dürfen;
nie mehr sollen sie zurückkehren und die ganze Erde bedecken.
[10] Auf Gottes Befehl hin ergießen sich Quellen in die Flusstäler,
zwischen den Bergen schlängeln sich ihre Wasserläufe.
[11] Sie tränken die Tiere des freien Feldes, Wildesel löschen dort ihren Durst.
[12] Da finden auch die Vögel ihre Nistplätze,
zwischen den Zweigen lassen sie ihre Stimme ertönen.
[13] Von seinen Wohnungen in der Höhe aus bewässert Gott die Berge.
Von der Frucht, die seine Werke hervorbringen, wird die Erde gesättigt.
[14] Gras lässt er hervorsprießen für das Vieh und allerlei Pflanzen für den Bedarf des
Menschen, damit dieser aus dem Schoß der Erde sein tägliches Brot gewinnt.
[15] Er schenkt Wein, der das Herz des Menschen erfreut, Öl,
mit dem er sein Gesicht pflegt, und Brot, das sein Herz stärkt.
[16] Auch die Bäume des Herrn trinken sich satt, die herrlichen Zedern des Libanon,
die er gepflanzt hat.
[17] Dort wiederum bauen Vögel ihre Nester, auf den Zypressen nistet der Storch.
[18] Die hohen Berge bieten den Steinböcken Lebensraum,
die Felsen sind eine Zuflucht für die Klippdachse.
[19] Gott hat den Mond geschaffen zur Festlegung der Zeiten, auch die Sonne weiß,
wann sie untergehen soll.

[20] Du bestimmst, wann es finster wird, und schon kommt die Nacht.
Da regen sich dann alle Tiere des Waldes.
[21] Die jungen Löwen brüllen nach Beute, sie verlangen von Gott ihre Nahrung.
[22] Geht dann die Sonne auf, so ziehen sich die Tiere wieder zurück
und legen sich nieder in ihren Verstecken.
[23] Nun macht sich der Mensch auf und geht an seine Arbeit, an das,
was er zu verrichten hat bis zum Abend.
[24] Wie zahlreich sind doch deine Werke, Herr, alle hast du mit Weisheit ausgeführt,
die Erde ist erfüllt von dem, was du geschaffen hast!
[25] Da ist das Meer, schier endlos groß und weit,
darin wimmelt es von unzählbar vielen Lebewesen, von kleinen wie von großen.
[26] Dort ziehen Schiffe ihre Bahn, auch das Ungeheuer Leviatan,
das du geschaffen hast, um mit ihm zu spielen.
[27] Alle Lebewesen hoffen auf dich, dass du ihnen ihre Speise gibst zur rechten Zeit.
[28] Du gibst sie ihnen, sie sammeln alles ein. Du öffnest freigebig deine Hand,
und sie werden satt von deinen guten Gaben.
[29] Doch wenn du dein Angesicht verbirgst, dann erschrecken sie.
Entziehst du ihnen den Lebensatem, so scheiden sie dahin
und werden wieder zu Staub.
[30] Entsendest du deinen Lebensatem, dann werden sie geschaffen.
Und so erneuerst du den Anblick der Erde.
[31] Die Herrlichkeit des Herrn währe ewig!
Möge der Herr sich freuen an seinen Schöpfungswerken!
[32] Er braucht die Erde nur anzublicken, und schon erbebt sie,
rührt er die Berge an, dann rauchen sie.
[33] Zur Ehre des Herrn will ich singen mein Leben lang,
für meinen Gott musizieren, so lange ich bin.
[34] Möge mein Denken und Sinnen ihm gefallen!
Ja, ich will mich erfreuen am Herrn.
[35] Alle, die sich von Gott abwenden, sollen von der Erde verschwinden –
es soll keiner mehr da sein, der Gott verachtet.
Preise den Herrn, meine Seele! Halleluja!

Psalm 121

Meine Hilfe kommt vom Herrn

[1] Ein Wallfahrtslied, gesungen auf dem Weg hinauf nach Jerusalem.
Ich richte meinen Blick empor zu den Bergen –
woher wird Hilfe für mich kommen?
[2] Meine Hilfe kommt vom Herrn, der Himmel und Erde geschaffen hat.
[3] Er bewahrt deine Füße vor dem Stolpern;
er, dein Beschützer, schläft niemals.
[4] Ja, der Beschützer Israels schläft und schlummert nicht!
[5] Der Herr behütet dich, der Herr spendet dir Schatten und steht dir bei,
[6] damit dich am Tag die Sonne nicht sticht
und in der Nacht der Mond dir nicht schadet.
[7] Der Herr wird dich behüten vor jedem Unheil, er bewahrt dein Leben.
[8] Der Herr behütet dich, wenn du gehst und wenn du kommst –
jetzt und für alle Zeit.

Psalm 146

Loben will ich den Herrn mein Leben lang

[1] Halleluja! Lobe den Herrn, meine Seele!
[2] Ich will den Herrn loben mein Leben lang,
für meinen Gott singen und musizieren, solange ich bin.
[3] Verlasst euch nicht auf Mächtige, nicht auf irgendeinen Menschen,
bei dem doch keine Hilfe zu finden ist!

4 Wenn er den letzten Atem aushaucht, so wird er wieder zu Erde,
und am selben Tag ist es vorbei mit all seinen Plänen.
5 Glücklich zu preisen ist, wer den Gott Jakobs zum Helfer hat,
wer seine Hoffnung auf den Herrn, seinen Gott, setzt,
6 auf ihn, der Himmel und Erde erschaffen hat, das Meer
und alles, was darin lebt, auf ihn, der für alle Zeiten die Treue hält.
7 Den Unterdrückten verschafft er Recht, den Hungernden gibt er Brot.
Der Herr befreit die Gefangenen,
8 der Herr öffnet die Augen der Blinden, der Herr richtet Gebeugte auf,
der Herr liebt Menschen, die seinen Willen tun.
9 Der Herr behütet die Fremden, Waisen und Witwen stärkt und erhält er;
aber den Weg derer, die ihn verachten, macht er zu einem Irrweg.
10 Auf ewig herrscht der Herr als König, dein Gott, Zion,
jetzt und in allen künftigen Generationen. Halleluja!

Anmerkungen

[1] Dietrich Bonhoeffer, *Die Psalmen. Das Gebetbuch der Bibel*, herausgegeben von Peter Zimmerling, Brunnen Verlag, Gießen, 2. Auflage 2017, S. 34.

[2] Ebd., S. 27.

[3] Zitiert nach Erwin Mühlhaupt, *D Martin Luthers Psalmen-Auslegung, Band 2, Vandenhoeck & Ruprecht, Göttingen 1962. S. 205.*

[4] Ebd., S. 197f.

[5] Ebd., S. 201.

[6] Ebd., S. 537.

[7] aus: Ders., Ziel der Zeit, Gesammelte Gedichte, Luther-Verlag, Bielefeld, 7. Auflage 2003.

[8] Bonhoeffer, *Die Psalmen,* a.a.O., S. 35.

[9] C.S. Lewis, *Das Gespräch mit Gott. Beten mit den Psalmen, Brunnen Verlag, Gießen,* 2. Auflage 2018, S. 101ff.

[10] Mühlhaupt, a.a.O., Bd. 3, S. 460f.